C.H.BECK WISSEN

in der Beck'schen Reihe

Europäische Sprachen weisen in Wortschatz und Grammatik erstaunliche Ähnlichkeiten mit östlichen Sprachen wie dem Persischen und dem Sanskrit auf. Wie kommt es zu dieser Verwandtschaft in einem so weiten Raum von Westeuropa bis Indien? Harald Haarmann beschreibt anschaulich, was wir über die Ursprache der Indoeuropäer und ihre Urheimat in der südrussischen Steppe wissen, und erklärt, wie die berittenen Steppennomaden ab dem 4. Jahrtausend v. Chr. nach Westen und Osten gewandert sind, wo sie sich mit vorindoeuropäischen Kulturen vermischten und schließlich in Persien, Indien, Westeuropa und andernorts sesshaft wurden. Nicht nur die Sprachen der Indoeuropäer legen Zeugnis von dieser Entwicklung ab, sondern auch ihre Mythen sowie archäologische Funde.

Harald Haarmann gehört zu den weltweit bekanntesten Sprachwissenschaftlern. Bei C.H.Beck erschienen von ihm zuletzt «Weltgeschichte der Sprachen» (2. Aufl. 2010), «Weltgeschichte der Zahlen» (2008) sowie «Das Rätsel der Donauzivilisation» (2011).

Harald Haarmann

DIE INDOEUROPÄER

Herkunft, Sprachen, Kulturen

Verlag C.H.Beck

Mit 18 Abbildungen und 4 Karten

Die erste Auflage dieses Buches erschien 2010.

2., durchgesehene Auflage. 2012

Originalausgabe

Lektorat: Petra Rehder
Satz: Fotosatz Amann, Aichstetten
Karten: Peter Palm, Berlin
Druck und Bindung: Druckerei C.H. Beck, Nördlingen
Umschlagentwurf: Uwe Göbel, München
Printed in Germany
ISBN 978 3 406 60682 3

www.beck.de

Inhalt

Die Spur der Sprachen: Forschung und Mythos

Verwandtschaften. Als William Jones im Jahre 1786 in einem Vortrag vor der «Asiatick Society» in Calcutta die Ähnlichkeit des Sanskrit mit dem Griechischen, Lateinischen und anderen Sprachen herausstellte, konnte er nicht ahnen, dass er damit eine Bewegung auslösen würde, die Generationen von Forschern beschäftigt hat und bis in unsere Zeit für wissenschaftlichen Zündstoff sorgt. Jones war nicht der Einzige, der sich zum Sprachvergleich äußerte. Hinweise auf die Ähnlichkeiten zwischen den Sprachen Indiens und Europas finden sich bereits im 16. Jahrhundert, und einige Zeitgenossen von Jones hatten auf Ähnlichkeiten im Sprachbau von Sanskrit und verschiedenen Sprachen Europas bereits früher aufmerksam gemacht. Im Jahre 1767 hatte der französische Jesuit Coeurdoux dem «Institut Français» in Paris eine Studie über lexikalisch-grammatische Vergleiche zwischen Sanskrit und Latein übermittelt. Diese Studie blieb aber lange unbeachtet und wurde erst vierzig Jahre später gedruckt (Seuren 1998: 80). Auch in der umfangreichen Sprachenenzyklopädie von Lorenzo Hervás y Panduro (1784–87), der nach den Ursprachen (*matrices*) suchte, sind bereits erste, wenn auch nebulöse Konturen vom Komplex der indoeuropäischen Sprachen zu erkennen.

In der damaligen Zeit stützte man sich bei Beobachtungen zur Verwandtschaft von Sprachen überwiegend auf Wortvergleiche, und intuitiv erkannte man, dass Sanskrit *matár*, griechisch *meter*, lateinisch *mater*, englisch *mother* u. a. ähnlich lautende Ausdrücke irgendwie zusammengehören. Aber woher kommt das? Eine Sprachverwandtschaft allein auf Wortvergleiche zu stützen, ist viel zu oberflächlich, um verlässlich zu sein. Dabei kann man auch in eine Sackgasse geraten, und es «fehlen» Wörter, die man eigentlich erwartet. Beispielsweise gibt es zum erwähnten Stammwort für ‹Mutter› kein verwandtes Äquivalent im Gotischen. Dies kann nur bedeuten, dass das aus der indoeuropäischen Grundsprache stammende Erbwort in der Tochtersprache durch einen anderen Ausdruck ersetzt wurde: Das gotische *aithei* leitet sich vermutlich von der Wurzel **at-* her, die wie ähnliche Bildungen auf **an-*, **ak-* und **n-an* als Reflexe von Lallwörtern der Kindersprache erklärt wird (z. B. hethit. *annas*, alb. *nënë*, altind. *akka* ‹Mutter›); *aithei* ist später als *äiti* ‹Mutter› ins Finnische entlehnt worden.

Forschung zur Sprachverwandtschaft wird erst dann sinnvoll, wenn es gelingt, Ähnlichkeiten nicht nur im Wortschatz, sondern auch im Lautsystem, im grammatischen Bau und in der Syntax aufzuspüren und zu belegen. Von einfachen Wortvergleichen zur komparatistischen Analyse ganzer Sprachsysteme ist es ein langer Weg. Wenn nun also Sanskrit, Griechisch und Lateinisch irgendwie ähnlich erscheinen, wie kommt es dann, dass das Sanskrit und die damit verwandten Sprachen Indiens offensichtlich weiter entfernt von den anderen sind? Diese Frage stellten sich die europäischen Sprachforscher im 19. Jahrhundert, und sie fanden darauf eine typisch europäische Antwort. Im Zeitalter des Nationalismus, als Völker aufgrund der Sprachen identifiziert wurden, die sie sprachen, kreierte man für jede der verwandten Sprachen ein Volk. Da gab es dann die alten Inder, die Perser, die Griechen und Römer usw. Aber schon bei der Identifizierung der lateinischsprechenden Bevölkerung mit den Römern verstrickte man sich in unlösbare Widersprüche. Die Römer als Volk hat es nie gegeben, im weitest entwickelten Sinne waren alle freien Untertanen des Imperium Romanum «Römer». Und es waren viele Völker, die Lateinisch sprachen: nicht nur die Latiner, sondern auch alle anderen italischen Völker, sodann zahlreiche indoeuropäische (Veneter, Gallier, Daker, Illyrer u. a.) und nichtindoeuropäische (Etrusker, Ligurer, Iberer, Numider u. a.) Völker, die sich sprachlich assimilierten. Und die Völker – auch die, die es gar nicht gab – ließ man wandern, mal von Indien nach Europa, mal auch in umgekehrter Richtung. Die Ergebnisse solcher «Völkerverschiebungen» blieben aber letztlich unbefriedigend, und das aus gutem Grund.

Das Verhältnis zwischen Sprachen und Völkern lässt sich nicht auf eine einfache Gleichung bringen. Jahrzehntelange Forschung war nötig, um Klarheit über die Beziehung der verwandten Sprachen und Kulturen zu den Populationen zu schaffen, die damit leben. In vielen Fällen hat erst die moderne Humangenetik verlässliche Informationen ermittelt, wer die Sprecher bestimmter Sprachen waren und woher sie kamen; dies gilt beispielsweise für die Sprecher des Tocharischen (s. Kap. 6). Die Verwandtschaft der Sprachen Indiens und Europas war der Ausgangspunkt für Beobachtungen über den Zusammenhang einer ganzen Sprachfamilie, und erst später beschäftigte sich die Forschung mit den kulturellen Traditionen und der Mythologie ihrer Sprecher. Die indische Mythologie wurde bereits von den Sprachforschern im frühen 19. Jahrhundert untersucht. Eine ernstzunehmende Archäologie der alten indoeuropäischen Völker entwickelte sich erst zu Beginn des 20. Jahrhunderts mit den Ausgrabungen der hethitischen Hauptstadt Hattusa. Und die frühen Nomadenkulturen der Steppenregion Südrusslands und Zentralasiens sind erst in den vergangenen Jahrzehnten systematisch erforscht worden.

Die Benennung der indoeuropäischen Sprachen stammt aus dem 19. Jahrhundert. Thomas Young war in der englischsprachigen Welt der erste, der im Jahre 1813 den Begriff «Indo-European» verwendete. In der älteren deutschsprachigen Tradition nennt man diese Familie «indogermanisch», ein Ausdruck, der dem Zeitgeist der Romantik entsprang und zuerst 1823 von Friedrich von Schlegel verwendet wurde. In Franz Bopps vergleichender Grammatik aus dem Jahre 1816 ist von «indisch-europäischen» Sprachen die Rede. In beiden Namenformen weisen die Komponenten jeweils auf die Peripherien des Verbreitungsgebiets, die östliche (indo-) und die westliche (germanisch bzw. europäisch), hin. Wollte man das Kriterium der geographischen Ausdehnung exakt anwenden, müsste die Sprachfamilie das Attribut «indoromanisch» erhalten, mit Bezug auf die Pyrenäenhalbinsel im Südwesten, oder aber «indokeltisch», wenn man die Situation im extremen Nordwesten Europas berücksichtigt, wo keltische, nicht germanische Sprachen verbreitet sind. In der modernen deutschsprachigen Terminologie kann man eine Tendenz zur Angleichung an internationale Benennungen feststellen: dt. *indoeuropäisch* als Äquivalent zu engl. *Indo-European*, franz. *indo-européen*, ital. *indoeuropeo* oder russ. *indoevropejskij*.

Auch wenn die Zusammengehörigkeit der verschiedenen regionalen Sprachgruppen (d. h. indische, germanische, slawische Sprachen, Griechisch, Lateinisch usw.) früh erkannt wurde, kursierten noch lange allerlei Spekulationen über die «Urmutter» der Sprachen. Das Sanskrit mit seiner uralten schriftsprachlichen Tradition schien ein guter Kandidat zu sein, und jahrzehntelang gingen die Forscher davon aus, dass sich alle indoeuropäischen Sprachen von dieser Quelle ableiten. Entsprechend galten als Träger dieser Kultur und Urahnen aller Europäer die Arier (nach ihrer Selbstbezeichnung *Arya*). Erst in den 1870er Jahren, durch die Arbeiten der Junggrammatiker, gelangte die historisch-vergleichende Sprachwissenschaft zu der Erkenntnis, dass das Sanskrit selbst die Tochtersprache einer Ursprache ist: des «Proto-Indoeuropäischen», damals auch «Ur-Indogermanisch» genannt.

Der Ariermythos. Vor diesem Hintergrund verwundert es nicht, wenn die Begriffe «indogermanisch» und «arisch» miteinander verquickt und quasi wie Synonyme gebraucht wurden. Die Verherrlichung arischer Kulturtraditionen war nicht nur eine Triebkraft nationalen Selbstwertgefühls bei den indischen Ariern selbst (s. Kap. 5), das Prestige des Ariertums wurde auch von anderen Völkern usurpiert, besonders bei den Europäern. Vor allem bei den germanischen Völkern war der Arierkult seit dem 19. Jahrhundert populär (Marchand 2009).

Die Selbstidentifizierung der Europäer als Arier im Sinn einer Völkerbezeichnung war – entgegen allen neuen sprachwissenschaftlichen Erkenntnissen – fest im westlichen Kulturbewusstsein verwurzelt. Eurozentrische Spekulationen und völkische Mystifizierungen prägten einen Zeitgeist, der auf ethnisch-rassische Segregation abzielte. Damit standen die Deutschen nicht allein. Auch französische und britische Intellektuelle werkelten am Fundament einer europazentrierten Rassenkunde. Joseph

Arthur Gobineau legte mit seiner Studie über die Ungleichheit der Rassen («Essai sur l'inégalité des races humaines», 1853–55) die Grundlagen für den Mythos von der Überlegenheit der arischen Rasse, und der Begründer des Sozialdarwinismus, Herbert Spencer («Social statics» von 1851, «Synthetic philosophy», 1896), untermauerte den vermeintlichen Anspruch auf Weltherrschaft der weißen Rasse. Dieses Ideengut fand weite Verbreitung vor allem in den Ländern des britischen Kolonialreichs (Ballantyne 2002). Die Essenz des Arier-Mythos als Deutung und Legitimation für die imperial-koloniale Überlegenheit der Europäer in der Welt wurde schließlich um die Wende vom 19. zum 20. Jahrhundert schlichtweg als «Axiom» gehandelt (Poliakov 1993), also als Gesetzmäßigkeit, die keiner Begründung bedurfte.

Noch bevor die Nationalsozialisten die Überlegenheit der «arischen Rasse» predigten und gewaltsam durchzusetzen begannen, wurde das Gedenken an das Ariertum in den nordischen Ländern, insbesondere in Schweden, gepflegt. Seit den 1920er Jahren war Skandinavien mit seiner nordgermanischen Population eine wichtige Orientierung für den nationalsozialistischen Arier-Mythos (Lutzhöft 1971), der in der NS-Rassenideologie mit ihren fatalen Abwertungen von Nicht-Ariern gipfelte. Als im Jahre 1934 das «Rassehygienische Institut» gegründet wurde, war dies keine Innovation des Dritten Reichs. Vorbild war eine ähnliche Einrichtung, die bereits 1924 in Schweden ins Leben gerufen worden war. Der nordische Schwerpunkt des Ariertums hatte auch seit 1935 in der Gesellschaft «Deutsches Ahnenerbe – Studiengesellschaft für Geistesurgeschichte» Priorität. Während in den 1930er Jahren die nordischen Länder und Finnland im Brennpunkt des Arier-Mythos standen, verlagerte sich das Hauptaugenmerk der deutschen Arier-Ideologen im Verlauf des Zweiten Weltkriegs allerdings nach Osten, mit Blick auf die indischen Arier als Träger einer Hochkultur.

Hätten sich die Ideologen mit den historischen Wurzeln der Arier, ihrer Kultur und Sprache beschäftigt und die alten Quellen studiert, dann wäre ihnen klargeworden: Weder im Rig-Veda noch in den alten Sanskrit-Schriften werden die Arier als «auserwähltes Volk» hervorgehoben. Der Begriff des Ariers wird in der schriftlichen Überlieferung ursprünglich nicht mit ethnisch-anthropologischen Kriterien assoziiert, sondern ist an sprachlich-kulturelle Verhaltensweisen gebunden (s. Kap. 5). «Wenn eine Person den richtigen Göttern in der rechten Art opferte, wobei er die korrekten Formeln der traditionellen Hymnen und Poesie verwendete, dann war diese Person ein Arier. ... Rituale, die mit den richtigen Worten ausgeführt wurden, waren die Quintessenz dessen, was hieß, Arier zu sein» (Anthony 2007: 408 f.).

Im deutschen Sprachraum ist der Arier-Begriff bis heute durch die Auswüchse der NS-Zeit belastet. Im angelsächsischen Kulturkreis sowie in anderen Kulturen (so auch in Indien) ist der traditionelle Umgang mit den Ariern als historischer Realität ungebrochen. Dies gilt auch für die Symbolkraft des Hakenkreuzmotivs. Im deutschen Sprachraum absolut tabuisiert, ist das Hakenkreuz wie eh und je sakrales Symbol in hinduistischen und buddhistischen Tempeln, wobei Rechtsdrehung Glück (*svastika*) und Linksdrehung Unglück (*sauvastika*) bedeutet. Als uraltes finnisch-ugrisches Glückssymbol mit Schutzfunktion wird es in Finnland verwendet, etwa auf den Standarten der finnischen Armee, oder auf Todesanzeigen von Kriegsveteranen.

Das von den Rassenfanatikern als arisches Symbol par excellence hochstilisierte Hakenkreuz ist sogar viel älter als alle Kulturen der Indoeuropäer (s. Abb. 1). Es ist nicht von den Ariern in Indien eingeführt worden, sondern gehört zum Symbolschatz der altdravidischen Indus-Zivilisation. Auch in Europa tritt das Hakenkreuz nicht erst in der griechischen Kunst der archaischen Zeit auf, sondern es figuriert als eines der Symbole der alteuropäischen (= vorindoeuropäischen) Donau-Zivilisation, auf Keramik gemalt oder in Tonstempel eingraviert (s. Kap. 4). Sowohl in Indien als auch in Südosteuropa haben die später eingewanderten indoeuropäischen Populationen dieses Kultursymbol von den Alteingesessenen übernommen, in ihre eigene Kultur integriert und dann weiter tradiert.

1 Das Hakenkreuz ist nicht indoeuropäischen Ursprungs, weder in Europa noch in Indien. Die ursprüngliche Symbolik des Hakenkreuzes war möglicherweise mit mythopoetischen Vorstellungen über die Umlaufbahn der Sonne und ihre lebensspendende Kraft assoziiert. Bereits in der vor-indoeuropäischen Ikonographie gibt es mehrere Varianten: Rechtsdrehung und Linksdrehung, gerade und schräge Stellung.
a) Alteuropäische Keramik, 5. Jahrtausend v. Chr.
b) Vorgriechische Siegel, Lerna; 3. Jahrtausend v. Chr. (nach Haarmann 1995a: 71)
c) Altindisches (altdravidisches) Siegel, 3. Jahrtausend v. Chr., lange vor der Immigration der Arier (nach Parpola 1994: 227)

Indoeuropäisierung. Die indoeuropäische Sprachfamilie gehört zu den am besten erforschten weltweit, die Entwicklungsprozesse historischer Einzelsprachen können über einen Zeitraum von mehr als 6000 Jahren zurückverfolgt werden. Die Rekonstruktion einer indoeuropäischen Grundsprache reicht zeitlich noch weiter zurück, bis um 7000 v. Chr. Anhand von Vergleichen des Wortschatzes, des grammatischen Baus und des Lautsystems der mehr als 400 indoeuropäischen Einzelsprachen ist es möglich, die Phonetik, die Grundzüge der Grammatik und elementare Bezeichnungsbereiche des Proto-Indoeuropäischen zu rekonstruieren – ein theoretisches Konstrukt, da es darüber keine historische Dokumentation gibt.

Die schriftsprachliche Überlieferung setzte erst zu einer Zeit ein, als sich die Grundsprache längst in regionale Sprachzweige ausgegliedert hatte. Die indoeuropäischen Schriftsprachen mit der ältestenTradition sind das Mykenisch-Griechische (bezeugt seit dem 17. Jh. v. Chr.), das Hethitische (bezeugt seit dem 16. Jh. v. Chr.) und das Luwische (bezeugt seit dem 16. Jh. v. Chr.). Daher werden sämtliche Formen und Ausdrücke der rekonstruierten Grundsprache mit einem Asterisk (Sternchen) versehen, um sie von belegten Formen zu unterscheiden; z. B. **septm* ‹sieben› > altir. *sechtn*, mittelkymr. *seith*, latein. *septem*, altnord. *sjau*, altengl. *seofon*, got. *sibun*, litau. *septynì*, altkirchenslav. *sedmi*, russ. *sem'*, alban. *shtatë*, griech. *hepta*, armen. *ewt'n*, hethit. *sipta-*, avest. *hapta*, altind. *saptá*, tochar. *spät* u. a.

Aber das Indoeuropäische ist nicht nur graue, schemenhafte Vorgeschichte. Im Gegenteil: Der wohl markanteste Faktor in der Geschichte der Kulturlandschaften Europas ist die Indoeuropäisierung, die Ausbreitung indoeuropäischer Kulturen und Sprachen. Dieser Prozess, der mit der Konsolidierung des Proto-Indoeuropäischen in der Vorgeschichte (um 7000 v. Chr.) beginnt und sich mit den Abspaltungen regionaler Sprachzweige seit ca. 4500 v. Chr. fortsetzt, ist nicht nur charakteristisch für Europa, sondern auch für das südliche Asien, in einer breiten Zone, die sich von Anatolien über das iranische Hochland und Zentralasien bis nach Indien erstreckt. Dieser Prozess der Indoeuropäisierung ist nicht als Ablösung «primitiver» Kulturen durch solche der Indoeuropäer misszuverstehen, denn einige der vorindoeuropäischen Zivilisationen waren Hochkulturen, und zwar die Donauzivilisation und die alte Indus-Zivilisation (bzw. Harappa-Kultur). Städtische Siedlungen, Schriftverwendung und Metallverarbeitung waren Errungenschaften der Alteuropäer und Alt-Draviden, lange bevor Indoeuropäer in jenen Regionen heimisch wurden.

Die Indoeuropäisierung hat ältere Sprach- und Kulturschichten nicht einfach überdeckt oder verdrängt, sondern vielfältige Transformationsprozesse in der sprachlich-kulturellen Landschaft Eurasiens initiiert – eine Umschichtung der Vielfalt, nicht aber ihre Auflösung. Die Kulturen Europas und Asiens, die als Folge der Indoeuropäisierung entstanden, sind Mosaikkulturen, die alte (vorindoeuropäische) und neue (indoeuropäische) Elemente in sich vereinigen.

Die Kontakte zwischen indoeuropäischen und nichtindoeuropäischen Sprachen sowie daraus resultierende Assimilationsprozesse dauern an. Dabei sind indoeuropäische Sprachen häufig dominant. Dies gilt nicht nur für die globale Modernitätsikone Englisch – genauer: ihrer Varianten, der «Englishes of the world» (Kachru 2006) –, sondern beispielsweise auch für den situationellen Druck, den das Spanische und Französische seit langem auf das Baskische ausüben oder für die Assimilationsprozesse, die das Russische bei den finnisch-ugrischen Minoritätssprachen im europäischen Teil der Russischen Föderation bewirkt (Kolga et al. 2001).

Multikulturalität ist für uns Europäer heute eine Selbstverständlichkeit. Ihre anthropologische, sprachliche und soziokulturelle Binnenstruktur als Ergebnis interaktiver historischer Prozesse zu begreifen, ist es noch nicht (Haarmann 1995b). Heute zeigen uns wissenschaftliche Erkenntnisse, dass die seit Jahrtausenden anhaltende Indoeuropäisierung dabei eine zentrale Rolle spielt.

1. Auf der Suche nach der Urheimat

Die Ursprünge der kulturellen und sprachlichen Vielfalt Europas lagen lange Zeit im Dunkeln. Das hing zum einen damit zusammen, dass einfach zu wenig verlässliche Informationen verfügbar waren, die eine Rekonstruktion prähistorischer Zustände erlaubt hätten. Zum anderen verharrten die wissenschaftlichen

Einzeldisziplinen, die sich an der Erforschung beteiligten, in der Isolation ihrer Fächergrenzen, und das behinderte die Erarbeitung einer Gesamtschau. So findet man noch in den 1980er Jahren ratlose Stellungnahmen zu den indoeuropäischen Ursprüngen «im Dunkel der Jäger- und Sammlerepoche der Geschichte, ohne dass die Sprachforschung nähere Aussagen darüber treffen» könne (Herrmann 1986: 13). Die gewaltige Aufgabe, die Ursprünge und Migrationen indoeuropäischer Populationen sowie die Ausgliederung ihrer Sprachen und Kulturen auszuleuchten, ist kaum anders als in interdisziplinärer Kooperation zu meistern (s. Haarmann 1999, 2009b u. a. zu einer interdisziplinären Europäistik). Dieses Postulat ist allerdings relativ neu angesichts der rund 250 Jahre alten Geschichte der europäischen Sprach- und Kulturforschung. Das Potenzial an Daten, mit denen die Kultur- und Sprachforschung heute umzugehen hat, entstammt der Kontaktlinguistik, der historisch-vergleichenden Sprachwissenschaft, der Archäologie, der Anthropologie, den Geschichts- und Kulturwissenschaften, der Antikenforschung, der Soziologie, der Humangenetik u. a.

Es ist viel über die Herkunft der Indoeuropäer spekuliert worden. Ihren Ursprung hat man in Europa, Asien und sogar in Afrika gesucht. Ungefähr zehn Theorien zur Urheimat haben Eingang in die wissenschaftliche Forschung gefunden; die meisten von ihnen sind zu einseitig ausgerichtet, greifen zu kurz. Heutzutage werden eigentlich nurmehr zwei Theorien ernsthaft diskutiert. Sie schließen sich gegenseitig aus, und man kann die Aussagekraft der einen nicht verstehen, ohne die andere im Kontrast zu betrachten.

Südrussische Steppe oder Anatolien?

Nach der älteren Theorie lag die Urheimat der Indoeuropäer in Europa, und zwar in der südrussischen Waldsteppe zwischen Wolga und Don. Dies ist die sogenannte Kurgan-Theorie von Marija Gimbutas aus den 1970er Jahren. Zu den markanten Hinterlassenschaften der frühen Steppennomaden gehören Kammergräber, über denen monumentale Erdhügel aufgeschüttet wurden. Sie werden mit einem aus dem Tatarischen stammenden Wort als Kurgane bezeichnet. Gimbutas identifizierte die Errichter der Erdhügel als frühe indoeuropäische Steppennomaden, und sie sah in der weiten geographischen Verbreitung der Kurgane, die man bis ins Kaukasusvorland und rings um das Schwarze Meer bis nach Südosteuropa findet, Hinweise auf die frühen Wanderwege der Steppennomaden nach Westen und Osten.

Die andere Theorie, die aus den 1980er Jahren stammende Diffusions-Theorie, sucht die Urheimat in Kleinasien, und zwar in Anatolien. Von dort wanderten laut Colin Renfrew (1987) indoeuropäische Ackerbauern nach Südosteuropa und brachten die Technologie des Pflanzenanbaus nach Europa. Archäologische Spuren früher Siedlungen von Indoeuropäern in Anatolien für das 8. und 7. Jahrtausend v. Chr. gibt es allerdings keine, und es besteht Einigkeit, dass die Kultur der Einwohner von Çatalhöyük, der ältesten Stadt der Region, keine indoeuropäische war. Die Verbreitungsrouten des Ackerbaus in Europa kann man andererseits gut an Hand der Siedlungsplätze verfolgen.

Renfrews Vorstellungen von der Herkunft der Indoeuropäer formierten sich zu handlichen Thesen über die Gleichgerichtetheit verschiedener elementarer Prozesse. Dies sind (1.) ein ethnischer Prozess (die Migration von Populationen aus Anatolien nach Südosteuropa, und von dort weiter in den Westen), (2.) ein sozioökonomischer Prozess (die Ausbreitung des Ackerbaus von Anatolien nach Europa über die Migrationsrouten, entsprechend einem Wellenmodell, dem *wave of advance model),* (3.) ein humangenetischer Prozess (die Verbreitung bestimmter genetischer Muster – *gene flow* – von Westasien nach Europa). Die Summe der Erkenntnisse aus diesen konvergenten Prozessen ließ scheinbar nur eine Schlussfolgerung zu, nämlich die, dass die Migranten aus Anatolien nicht nur den Ackerbau als Wirtschaftsform, sondern auch ihre Kulturen und Sprachen nach Europa transferiert hätten.

Renfrews Thesen wurden eifrig verfochten, und das Ideengut von den fortschrittbringenden Indoeuropäern verbreitete sich als neues Paradigma bei Archäologen und Humangenetikern, während die historischen Linguisten weiterhin die ältere Kurgan-Theorie von Marija Gimbutas befürworteten. Demzufolge waren die Verbreitung des Ackerbaus und die Migrationen der Indoeuropäer zwei verschiedene Prozesse, die sich unabhängig voneinander entfalteten und in einigen Regionen sogar gegeneinander gerichtet waren.

Die humangenetische Forschung hat die genetischen Distributionsmuster der europäischen Populationen gegenüber früheren generalisierenden Stellungnahmen präzisiert und ist zu dem Ergebnis gelangt, dass unser genetisches Erbgut zum überwiegenden Teil autochthon ist (Semino et al. 2000, Budja 2005). Diese Feststellungen basieren auf Beobachtungen zur Kontinuität der im Y-Chromosom gespeicherten Erbinformationen, die zu rund 90 % ausschließlich vom männlichen Geschlecht bestimmt werden. Die DNA (dt. DNS = Desoxyribonukleinsäure) des Y-Chromosoms rekombiniert nur zu etwa 10 % mit dem weiblichen X-Chromosom. Der Erhalt der männlichen Erbinformationen ist ein diagnostischer Indikator für die Stabilität von Populationen in Zeit und Raum.

Für die Populationen in Europa ist ein hohes Maß an Stabilität der DNA des Y-Chromosoms festzustellen, was dafür spricht, dass in den Adern der modernen Europäer überwiegend das Blut ihrer paläolithischen Vorfahren fließt, also nicht das Blut von Einwanderern aus Anatolien (Vonderach 2008: 65 ff.). Die Anhänger der Diffusionstheorie stellten sich vor, die indoeuropäischen Migranten aus Anatolien hätten die einheimische Bevölkerung Europas entweder gänzlich verdrängt oder seien mit den Alteuropäern Familienbindungen eingegangen und deren genetische Informationen hätten sich über den Genfluss in den Nachkommen erhalten (s. Renfrew/Boyle 2000 zur Genforschung der 1990er Jahre). Solche Vorstellungen sind inzwischen überholt.

Die neuerlichen Präzisierungen zur genetischen Erbmasse der Europäer verlangen nun auch nach einer Revision der These von der Ausbreitung des Ackerbaus in Europa. In weiten Teilen Europas verbreitete sich der Pflanzenanbau im Wesentlichen unabhängig von migrierenden Bevölkerungsgruppen (Budja 2007).

Die einheimischen Populationen von Jägern und Sammlern, die agrarische Produkte im Tauschhandel kennenlernten, akkulturierten sich im Lauf der Zeit und nahmen selbst nahrungsproduzierende Lebensweisen an (Sériadès 2007). Dies hatte keinen Einfluss auf ihre Sprachen, sie behielten ihre alteuropäischen (= vorindoeuropäischen) Sprachen bei.

Selbst wenn sich für das Neolithikum keine Spuren einer weiträumigen Migration aus Westasien nach Südosteuropa nachweisen lassen und die vorindoeuropäische Sprachenwelt bis zum Beginn der Bronzezeit im Wesentlichen intakt blieb, ist dennoch zu fragen, ob es nicht kleinräumige Wanderbewegungen gegeben hat. Die einzige Region, wo eine Einwanderung von außerhalb Europas vorstellbar wäre, ist die Ebene von Thessalien. Möglicherweise sind die dort im 7. Jahrtausend v. Chr. entstehenden Siedlungen (Sesklo, Achilleion, Larissa u. a.) von Ackerbauern gegründet worden, die aus Kleinasien herübergekommen waren (Whittle 1996: 40 ff.).

Es ist viel darüber spekuliert worden, welche Route die Migranten aus Anatolien, die sich in Thessalien niederließen, genommen haben könnten. Am abenteuerlichsten sind Vorstellungen, die Ackerbauern hätten an der Ostküste des Ägäischen Meeres Flöße gebaut und wären damit nach Westen gedriftet, denn mit Ruder- oder Steuertechnik ist für die Zeit des 8. und 7. Jahrtausends v. Chr. kaum zu rechnen. Man fragt sich hier, wie es Ackerbauern einfallen sollte, ihre Habseligkeiten und ihr Vieh (darunter Kühe und Ochsen mit Gewichten zwischen 400 und 700 kg) auf Flöße zu verladen und in See zu stechen. Es ist hingegen sehr wohl denkbar, dass die frühen Migranten über die Landbrücke am Bosporus kamen, die damals noch Europa mit Asien verband (Marler/Haarmann 2006). Erst um 6700 v. Chr. ist sie von der Schwarzmeerflut durchbrochen worden. Die frühesten Spuren von Pflanzenanbau auf europäischem Boden stammen aus Thessalien und datieren in die Zeit um 7000 v. Chr.

Die einzige größere Migration von Bevölkerungsgruppen, die den Ackerbau verbreiteten, war eine innereuropäische Bewegung, und zwar von den Menschen, die nach den typischen ornamentalen Mustern ihrer Keramik (Linearband-Muster) Bandkeramiker genannt werden. Dies waren sehr wahrscheinlich Nachkommen alteuropäischer Jäger und Sammler, die sich akkulturiert hatten und deren Siedlungen expandierten. Ihre Expansionsbewegung wurde offensichtlich von der Klimaerwärmung begünstigt, die um 5800 v. Chr. das früher kältere Klima in Europa ablöste. Die Drift setzte um 5600 v. Chr. ein, brachte Siedler von den Küsten des Schwarzen Meeres aus nach Westen und erreichte in wenigen Jahrhunderten Zentraleuropa und Nordfrankreich (Scarre 2005a: 407 ff.).

Wenn sich der Ackerbau also nicht mit migrierenden Indoeuropäern verbreitet hat, dann besteht auch keine Veranlassung, die indoeuropäische Urheimat in Anatolien zu suchen. Als einzige schlüssige Alternative bleibt die Annahme von Migrationen aus dem Osten Europas, und zwar nicht von Ackerbauern, sondern von Viehnomaden, die sich – wie schon vor ihnen die Jäger und Sammler – im Zuge ihrer Westbewegung akkulturierten.

Das Gebiet, von dem aus die Expansion der Steppennomaden erfolgte, die Urheimat der Indoeuropäer, erstreckt sich nach allem, was wir heute wissen, über die Zone der Waldsteppe und Steppe nach Osten bis ins Flusstal des Ural und der Samara, eines Nebenflusses der Wolga, nach Westen bis zum Dnjepr und an den Rand der Kontaktzone zwischen Acker- und Weideland im Osten der Ukraine, und nach Süden bis ins Vorland des Kaukasus (Abb. 2).

Während die Migranten der ersten Welle, die um die Mitte des 5. Jahrtausends v. Chr. bis in den Nordosten Bulgariens (Varna) gelangten, noch Viehnomaden waren, waren die indoeuropäischen Kelten, die im 1. Jahrtausend v. Chr. die britischen Inseln besiedelten, reine Ackerbauern. Allerdings haben nicht die Kelten die Technologie des Pflanzenanbaus nach Britannien gebracht. Vielmehr hatten die dort siedelnden Alteuropäer – deren Vorfahren Stonehenge errichteten – bereits lange vor den Kelten Ackerbau betrieben.

Wenn es sich so verhält, dass sich der Ackerbau in Europa vornehmlich durch Akkulturation verbreitet hat und deshalb in uns die Gene unserer paläolithischen Vorfahren kontinuierlich

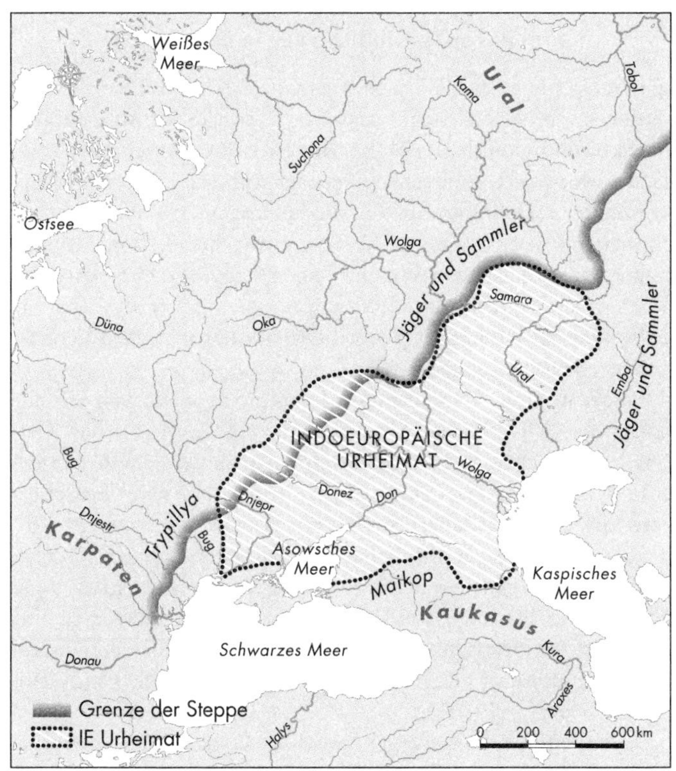

2 Geographische Umrisse der indoeuropäischen Urheimat (nach Anthony 2007: 84)

wirksam geblieben sind, gilt es die Frage zu beantworten, warum wir Sprachen sprechen, die sich vor 7000 Jahren von einem Epizentrum in der südrussischen Steppe aus verbreitet haben. Weiterhin ist abzuklären, warum die indoeuropäischen Nomaden überhaupt anfingen, so weiträumig zu migrieren.

Indoeuropäer und Uralier in Osteuropa

Zunächst stellt sich die Frage, was wir überhaupt über die Ethnogenese der Indoeuropäer wissen, wie und ab wann sie sprachlich-kulturell von ihren Nachbarn getrennt wahrnehmbar sind. Das Indoeuropäertum entfaltete sich offensichtlich unter bestimmten sozioökonomischen Bedingungen aus einer älteren Einheit mit den Uraliern. Die Epizentren beider Populationen liegen im östlichen Europa und heben sich auf den genetischen Karten deutlich ab (Cavalli-Sforza 2000: 114, 117), wobei die Urheimat der Uralier im Norden des indoeuropäischen Verbreitungsgebiets zu lokalisieren ist.

Selbst wenn es keine zwingenden humangenetischen Gründe gäbe, die Urheimat der Indoeuropäer wie der Uralier in Osteuropa zu suchen, so drängt sich eine rein sprachliche Argumentation auf, die unzweifelhaft dafür spricht. Für den Wortschatz und die grammatischen Strukturen sowohl der indoeuropäischen als auch der uralischen Sprachen lassen sich konvergente Elemente rekonstruieren, die eindeutig nicht auf wechselseitiger Entlehnung beruhen, sondern für deren Existenz es nur eine sinnvolle Erklärung gibt: Es handelt sich um Konstituenten einer Urverwandtschaft zwischen beiden Sprachfamilien (Hajdú/Domokos 1987: 234 f.).

Auffallend sind Konvergenzen in der Lexik, z. B. ie. **mozge-* vs. ural. **mośke-* vs. finn.-ugr. **muśke* (> ungar. *mos)* ‹wäscht› oder: ie.**wed-* vs. ural. **wite* vs. finn.-ugr. **wete* (> ungar. *víz*) ‹Wasser› und viele mehr.

Unverkennbare Parallelen gibt es auch im Pronominalsystem. So sind für das proto-uralische Personalpronomen im Singular die angehängten Formen PU **-me*, **-te*, **-se* erschlossen, für das Proto-Indoeuropäische die vorangestellten Formen PIE **me-*, *tu- und* (reflexivisch) **se-*. Ähnliche Konvergenzen gibt es beim Demonstrativpronomen: PIE **te-/to-* vs. PU **tä-/to-* ‹dies/das› und beim Fragepronomen: PIE **k^we/o-* vs. PU **ke-/ku-* ‹wer/was›. Und auch im grammatischen Bau wurden Übereinstimmungen rekonstruiert, z. B. die Endung des Akkusativ Sg.: PIE **-m* vs. PU **-m*; Genitiv Pl.: PIE **-om* vs. PU **-n*).

Urverwandtschaften zwischen einzelnen Sprachfamilien sind das Arbeitsfeld der Sprachursprungsforschung (Glottogonie). Obwohl es solche Forschungen seit über hundert Jahren gibt, waren sie zwischenzeitlich fast in Vergessenheit geraten, haben aber in den 1990er Jahren, und zwar unter dem Eindruck der Fortschritte der Humangenetik, einen enormen Aufschwung erlebt. Inzwischen ist die Auseinandersetzung mit der Wechselbeziehung zwischen Sprachgeschichte und Evolution fast zu einem Modetrend geworden. Die Erforschung der Verzweigung menschlicher Populationen und der Ausgliederung von deren Sprachen gehen Hand in Hand. Auch die Rolle der indoeuropäisch-uralischen Konvergenzen konnte inzwischen präzisiert werden (Carpelan et al. 2001, Haarmann 2006: 242 ff., Anthony 2007: 93 ff.).

Es ist anzunehmen, dass die Populationen, die indoeuropäische und uralische Sprachen sprachen, Tausende von Jahren nicht nur in Nachbarschaft, sondern auch in Kohabitaten lebten, bevor sich die Indoeuropäer zu ihren Migrationen aufmachten. Das ökologische Szenario im östlichen Europa erlaubt eine Datierung der Anfänge einer gemeinsamen Sprach- und Kulturentwicklung für den Zeitraum gegen Ende der letzten Eiszeit (ca. 15000–10000 v. Chr.). Der proto-indoeuropäische und der proto-uralische Komplex waren die westlichen Ausläufer eines weiträumigen Areals, in dem Sprachen der eurasiatischen Urfamilie (ancient Eurasiatic super phylum) verbreitet waren (Greenberg 2000–2002).

Die gemeinsame Sprach- und Kulturentwicklung setzte sich noch bis ins 7. Jahrtausend v. Chr. fort, dann allerdings erfolgte ein Abdriften des südlichen (d. h. proto-indoeuropäischen) Komplexes, der schließlich sprachlich und kulturell Eigenprofil annahm. Die divergente Entwicklung des Proto-Indoeuropäischen hat mit tiefgreifenden Wandlungen in der Ökologie Osteuropas zu tun. Dem Wasserreichtum nach der Eisschmelze im 10. und 9. Jahrtausend v. Chr. folgte eine Periode kontinuierlicher Austrocknung, und bis zum 7. Jahrtausend v. Chr. waren bereits die typischen Vegetationsgürtel der Landschaften Südrusslands und der Ukraine entstanden: Steppe und

Waldsteppe. Die Proto-Uralier in den nördlichen Wäldern setzten ihre traditionelle Kultur als Jäger, Fischer und Sammler fort, während die Proto-Indoeuropäer im Süden einen Wechsel zum Viehnomadismus vollzogen. Das Pferd, das in der nomadischen Weidewirtschaft und in der indoeuropäischen Mythologie eine zentrale Rolle spielen sollte, wurde früh im Gebiet zwischen Wolga und Don domestiziert (Dergachev 2007: 461 f.).

2. Lebenswelten der frühen Indoeuropäer

Im ursprünglichen Siedlungsgebiet der Indoeuropäer ist eine vielschichtige Abfolge verschiedener Kulturen in Zeit und Raum zu erkennen. Der charakteristische Indikator für die Identifizierung dieser regionalen Kulturen sind ähnliche Bestattungsformen. Es herrschten Grubengräber, später Kammergräber vor. Über der Grabstätte war ein Erdhügel aufgeschüttet. Dies sind die Kurgane, deren areale Verbreitung wichtige Anhaltspunkte für die Urheimatforschung vermittelt hat (s. Kap. 1). Jede der regionalen Kulturen der Steppennomaden zeichnet sich durch Besonderheiten aus, die das Eigenprofil der Proto-Indoeuropäer geprägt haben.

- *Elshan-Kultur* (7. Jahrtausend v. Chr.) an der mittleren Wolga: Dies ist die erste Steppenkultur, für die sich die Herstellung von Keramik nachweisen lässt. Die Anfänge der alternativen «neolithischen Revolution» (d. h. Töpferei ohne Ackerbau) in Osteuropa sind im Areal der Elshan-Kultur zu suchen.
- *Samara-Kultur* (ca. 6000–5000 v. Chr.) im Tal des gleichnamigen Nebenflusses der Wolga: Diese Regionalkultur der Steppennomaden ist bekannt geworden wegen der ältesten figürlichen Darstellungen von Pferden (s. Abb. 3).
- *Chvalynsk-Kultur* (zwischen 5000 und 4500 v. Chr.) im Steppen- und Waldgürtel der mittleren Wolga: Von dieser Region aus hat sich ein bestimmter Typ eines Statussymbols

(Szepter) mit Pferdekopfverzierung nach Süden (ins Kaukasusvorland) und nach Westen (in die pontische Steppe) ausgebreitet (s. u.).

- *Srednij Stog* (ca. 4500–3350 v. Chr.): Die Vertreter dieser westlichen Steppenkultur waren die ersten Indoeuropäer, die mit den Ackerbauern im Areal der Trypillya-Kultur in der Ukraine in Kontakt traten (s. u.)
- *Jamnaja-Kultur* (ca. 3600–2200 v. Chr.): Diese Grubengräber-Kultur erstreckte sich von der mittleren Wolga bis ins Kaukasusvorland, im Nordwesten bis zur Trypillya-Kultur und im Südwesten bis nach Moldawien. In diesem Stadium, in das sich die Srednij-Stog-Kultur weiterentwickelt, erlebt das Indoeuropäische seine Auflösung. Im 4. Jahrtausend wird hier die Technologie des Wagens entwickelt und verbreitet sich schnell.

Die Wandlungen, die sich in der materiellen Hinterlassenschaft jener Kulturen spiegeln, deuten auf interne kulturelle Entwicklungen, aber nicht auf Einflüsse fremder Bevölkerungsgruppen oder Immigrationen von außerhalb in die Wohngebiete der Indoeuropäer. Der Übergang vom Stadium der Jäger und Sammler zum Viehnomadismus erfolgte in der kaspisch-pontischen Steppe direkt und ohne Zwischenstadium einer Berührung mit der Technologie des Pflanzenanbaus und der damit assoziierten Viehhaltung.

Die Entstehung des Viehnomadismus als Wirtschaftsform in Osteuropa ist in etwa zeitgleich (d. h. um 7000 v. Chr.) mit dem Transfer von Technologien des Pflanzenanbaus von Kleinasien nach Südosteuropa. Aber diese beiden Prozesse verliefen unabhängig voneinander. Wir haben es also in Europa mit zwei Varianten des Übergangs vom Jäger-und-Sammler-Dasein zu tun, mit zwei unterschiedlichen «neolithischen Revolutionen». Die soziale und kulturelle Geschichte der frühen Indoeuropäer (d. h. der Proto-In-

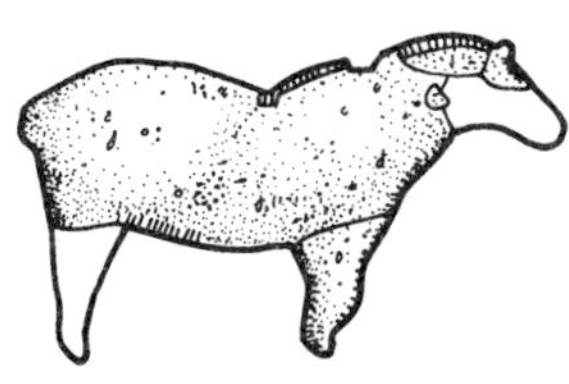

3 Älteste Pferdedarstellung aus Knochen; Samara-Kultur, ca. 5000 v. Chr. (nach Gimbutas 1991: 353)

doeuropäer) ist aufs Engste mit den ökologischen Bedingungen ihrer natürlichen Umgebung verknüpft.

Die Landschaft zwischen Kaspischem Meer und Schwarzem Meer, die in der Nachfolge der Eiszeit zunehmend austrocknete und versteppte, eignete sich nicht für den Pflanzenanbau. Als sich der Ackerbau im Laufe des 6. Jahrtausends v. Chr. allmählich ins östliche Europa ausbreitete, erfolgte dies in der Zone der Waldsteppe, die sich nördlich der Steppe wie ein Gürtel von der Ukraine bis zum Ural und darüber hinaus nach Westsibirien hinzieht. Ackerbau hat in prähistorischen Zeiten im breiten Steppengürtel Südrusslands keine Rolle gespielt.

Der Übergang vom Stadium des Jagens und Sammelns zum frühen Viehnomadismus war den Menschen in jener Region von den ökologischen Existenzbedingungen praktisch vorgegeben. Auf ihren Jagdzügen hatten die prähistorischen Jäger ausgiebig Gelegenheit, sich mit den Gewohnheiten der Wildtiere vertraut zu machen. Die Steppe war mit ihren weiten grasbestandenen Weiden ein bevorzugtes Terrain für Ziegen, Schafe und insbesondere für die zahlreichen Wildpferde, deren Knochen sich in großer Zahl an den alten Siedlungsplätzen finden. Wildpferde waren in der Steppe und in der Waldsteppen-Zone verbreitet, nicht aber in der Wald- und Flusslandschaft, die sich weiter im Norden ausdehnte und die von den Proto-Uraliern bewohnt wurde. Das Wildpferd wurde vorwiegend wegen seines Fleisches gejagt. Die Vorliebe für Pferdefleisch lässt sich sogar für den Frühmenschen und dessen Jagdgewohnheiten nachweisen: Archäologen haben in der Nähe des niedersächsischen Schöningen im Braunkohlerevier einen Lagerplatz von Vertretern des Homo erectus gefunden, darin Speere und Wildpferdknochen aus der Zeit vor rund 350 000 Jahren (Thieme 2007).

Das Pferd in der nomadischen Weidewirtschaft

Die Beobachtung der weiträumigen Bewegungen von Wildpferden und von deren Weidegewohnheiten mag die prähistorischen Jäger auf Vorteile hingewiesen haben, die die Menschen nutzen konnten, wenn sie sich in der Nähe von Wildpferden aufhielten.

Pferde bevorzugen das beste Gras, das in Gegenden mit reichhaltigen Wasserreserven wächst. Instinktiv finden sie daher Wasserquellen wie Bäche, Flussläufe und Teiche, was ihre Bewegungen von einem Weideplatz zum anderen lenkt. Da Pferde im Allgemeinen nur den oberen Teil von Grasbüscheln fressen, bleibt genug Futter für kleinere Tiere übrig. Den Wildpferden folgten daher Wildziegen und wilde Schafe, die auf ihre Weise von den Gewohnheiten der Wildpferde profitierten. Den frühzeitlichen Jägern war Jagdglück beschieden, wenn sie sich den Zügen der Wildpferde anschlossen. Dieses Verhalten kennzeichnet das Stadium der Transhumanz (engl. transhumance), die der eigentlichen Domestizierung vorausging.

Die Anfänge des Viehnomadismus, also das aktive Eingreifen der Menschen in die natürlichen Weidegewohnheiten in der Steppenregion, werden etwa in das 7. Jahrtausend v. Chr. datiert. Der Prozess der Domestizierung fing mit der Kontrolle über kleinere Tiere wie Ziegen und Schafe an und dehnte sich in einer weiteren Phase auf Pferde aus. Um größere Herden von Ziegen und Schafen zusammenzuhalten, reichten Hunde nicht aus. Hier ist eine entscheidende Motivation dafür zu suchen, Wildpferde zu zähmen und zu reiten. Berittene Hirten konnten die Bewegungen ihrer Herden weiträumig kontrollieren. Pferde kommen mit Ziegen und Schafen zurecht und werden in vielen Nomadenkulturen in einer gemischten Herde zusammengehalten. Dies kann man beispielsweise in der Mongolei bis heute beobachten. Außerdem können Pferde mit ihren harten Hufen verharschte Schneekrusten aufbrechen, was in strengen Wintern mit langen Frostperioden das Überleben ganzer Herden sichern kann. Dies lässt sich bis heute bei den kalmykischen Nomaden am Rande der kaspisch-pontischen Steppe beobachten.

Gezähmte Pferde wurden schon bald unverzichtbar für die Nomadenwirtschaft, als Leittiere zur Erkundung futterreicher Weiden, als Nahrungslieferanten (Stutenmilch, Fleisch), als Reittiere für Hirten, als Lasttiere für den Transport von Bauteilen der jurtenähnlichen Behausungen und von Hausrat. Im Laufe der Zeit diente das Pferd auch als herdenunabhängiges Reittier für Schutzpatrouillen der Nomadensippen. Ganze Reiterfor-

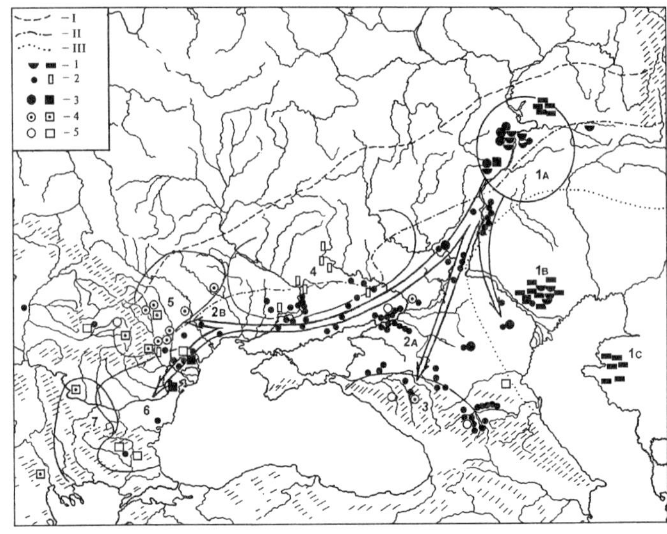

4 Die Verbreitung von Szeptern aus Stein mit Pferdekopfverzierung (nach Dergachev 2007: 147)
I südl. Grenze der Waldsteppe, II südliche Grenze der Steppe, III Grenze der Halbwüste
1 Chvalynsk-Kultur (A – mittlere Wolga, B – nordkaspisch, C – ostkaspisch), 2 Danilov-Kultur (A – östlich, B – westlich), 3 Maikop-Kultur, 4 Srednij Stog, 5 Cucuteni-Trypillya, 6 Karanovo-Gumelniţa, 7 Krivodol-Selkuta
Schwarze Symbole weisen auf eine Häufung von Funden, weiße Symbole auf weniger häufige Funde.

mationen wie zur Zeit der Skythen im 1. Jahrtausend v. Chr. hat es bei den prähistorischen Nomaden der südrussischen Steppe sehr wahrscheinlich noch nicht gegeben. Es bestand damals kein Bedarf für den Unterhalt größerer militärischer Einheiten.

In der Kultur der frühen Indoeuropäer finden sich viele Elemente und Symbole, die mit dem Pferd assoziiert sind. In den mythischen Vorstellungen, die sich anhand des Wortschatzes der proto-indoeuropäischen Grundsprache sowie von Figurinen- und Kleinplastikfunden rekonstruieren lassen, spiegelt sich die besondere Rolle des Pferds in dieser frühen Gesellschaft. Die weite Verbreitung von Statussymbolen (d. h. Szeptern) mit modellierten und stilisierten Pferdeköpfen spricht für die Existenz eines Pferdekults, der auch politische Dimensionen hatte (Dergachev 2007: 101 ff.). Das Verbreitungsareal solcher Szepter gibt uns Hinweise auf die frühen Bewegungen der Viehnomaden in der Steppenzone und darüber hinaus (s. Abb. 4).

Die archäologische Hinterlassenschaft und später die schriftliche Überlieferung der einzelnen indoeuropäischen Völker zeigen, dass das Pferd über Tausende von Jahren bei den Viehnomaden Eurasiens und in den frühen Zivilisationen des Nahen Ostens eine zentrale Rolle gespielt hat. Dies stellt sich in der Gesamtschau folgendermaßen dar (s. Tabelle auf folgender Seite).

Diese prominente Rolle des Pferds in der Wirtschaft, Kultur, im Gemeinschaftsleben und in der Mythologie ist ein weiteres Argument gegen die abwegige Theorie, die indoeuropäische Urheimat auf dem Balkan zu suchen, wo eben dieses wichtige Symbol soziokultureller Identifikation des Indoeuropäertums fehlt. Im Neolithikum war das Pferd auch in Anatolien noch unbekannt; es gelangte erst mit den Hethitern im 2. Jahrtausend v. Chr. dorthin.

Für ‹Pferd› ist folgende proto-indoeuropäische Form rekonstuiert worden: $^*h_1\acute{e}k^uos$, und dieses Wort taucht in zum Teil stark gewandelter Form in zahlreichen indoeuropäischen Sprachen auf. Am stärksten divergiert die Lautung wegen der unterschiedlichen Entwicklung von -k^u-, das sich in einigen Sprachen zu *-k-* wandelt (Centum-Sprachen), in anderen zu *-s-* (Satem-Sprachen; s. Kap. 3). Sprachen des Westens: latein. *equus*, altir. *ech*, gall. *epo-* (davon abgeleitet der Name der keltischen Pferdegöttin, Epona), lit. *ašvíenis* ‹Hengst› u. a.; Sprachen des Südens: griech. *hippos*, luw. *azu(wa)*, lyk. *esbe-*, armen. *eš* u. a.; Sprachen des Ostens: altpers. *asa-*, altind. *áśva-*, tochar. *yakwe*.

Da die Grundsprache sich aber spätestens um 2500 v. Chr. auflöste, und Pferd und Wagen erst danach in Südosteuropa auftauchen, spricht auch dies gegen das Postulat einer anatolisch-balkanischen Urheimat. Es passt aber alles sehr gut zusammen, wenn man das östliche Europa (westlich des Urals) als Urheimat

Eine funktional-kulturelle Chronologie des Pferdes

ab ca. 11000 v. Chr.	Transhumane Erfahrungen der nacheiszeitlichen Jäger mit Wildpferden	Das Wildpferd wird wegen seines Fleisches und wegen Rohmaterial wie Haar, Sehnen und Knochen geschätzt.
ab ca. 8000 v. Chr.	Ökologische Partnerschaft von Mensch und Pferd	Die sorgfältige Beobachtung von Wildpferden bringt den frühen Viehnomaden Vorteile für deren Weidewirtschaft: (1) Wildpferde finden Weiden mit hochwertigem Nahrungsangebot, d. h. hochständigen Gräsern, von deren Büscheln Pferde die Spitzen und Kleinvieh (Schafe und Ziegen) die unteren Bestände fressen; (2) Wildpferde können mit ihren harten Hufen verharschte harte Schneedecken aufbrechen, sodass sie selbst wie Kleintiere Futter finden.
ab dem 7. Jt. v. Chr.	Graduelle Domestizierung	Pferde werden zusammen mit Schafen und Ziegen gehalten. Hirten reiten einzelne Pferde, um größere Herden zusammenzuhalten. Stuten werden gemolken und deren Milch verwertet (als frische Trinkmilch und für vergorene Getränke, für Butter und Käse). Pferde werden als Packtiere für den Transport von Lasten verwendet.
ab dem 5. Jt. v. Chr.	Verwendung von Pferden als Zugtiere	Die Erfindung des Wagens mit Rädern (in der Kontaktzone von akkulturierten Steppennomaden und Ackerbauern, z. B. in der Ukraine) erfordert Zugtiere. Als solche kamen Pferde und Ochsen in Frage.
ab dem 3. Jt. v. Chr.	Verwendung von Pferden als Reittiere für Kriegereliten	Berittene Kriegerverbände sind das Rückgrat der mykenischen Macht im 2. Jt. v. Chr. Desgleichen bei den iranischen Steppennomaden (Skythen, Sarmaten, Alanen u. a.) sowie bei den türkischen Völkern Eurasiens (Hunnen, Kumanen, Petschenegen, u. a.). Alle alten Zivilisationen des Nahen Ostens und Ägyptens unterhalten militärische Reiterverbände.
ab dem 2. Jt. v. Chr.	Spezialisierte Verwendung von Pferden als Zugtiere für Streitwagen	Von Pferden gezogene Streitwagen sind die Stoßtrupps antiker Armeen (im Neuen Reich Ägyptens, bei Assyrern, Persern und Hethitern); (s. Abb. 5).

5 Mykenische Wagenlenker. Vasenmalerei aus der zweiten Hälfte des 2. Jahrtausends v. Chr. (nach Dergachev 2007: 213)

identifiziert. Von dort wurden das Pferd, die Pferdezucht und das Ritualwesen um dieses Tier zusammen mit der entsprechenden Terminologie von den migrierenden Indoeuropäern nach Westen und – rings um das Schwarze Meer – in die Balkanregion transferiert. Aus der Steppe gelangten das Pferd und die Reitkultur nach Osten (Kleinasien und Indien) und nach Süden (in den Mittleren Osten, ins iranische Hochland und ins Reich von Mitanni; s. Kap. 5).

Die Mythologie der Indoeuropäer hat zahlreiche lokale Varianten von Gottheiten kreiert, die den Kult dieses Tieres verkörpern oder aufs Engste mit dessen Attributen assoziiert sind (Mallory/Adams 1997: 279 ff.). Epona, die von den Festlandkelten verehrt wurde, ist in der Ikonographie und in Beschreibungen antiker Autoren seit der römischen Zeit bezeugt. Die Göttin wird in unterschiedlicher Weise dargestellt, manchmal auf einer Stute sitzend, manchmal von Pferden umgeben (s. Abb. 14, Kap. 4, S. 69). Bei den Inselkelten gab es zwei mächtige Gottheiten, deren wichtigstes Attribut das Pferd ist, die Macha in der irischen Tradition und Rhiannon (wörtl. ‹Große Königin›) bei den Walisern. Für die Hethiter war das Pferd als Reittier und sakrales Symbol gleichermaßen von Bedeutung; Schutzpatronin war die Göttin Pirwa (auch in den Namenformen Perwa und Peruwa), ihr Attribut war das Pferd. Auch in der griechischen Mythologie werden Gottheiten und Pferde assoziiert. Von Demeter heißt es, dass die Göttin die Gestalt einer Stute annahm, um Poseidon zu entkommen, der ihr nachstellte. Dieser wandelte sich in einen Hengst und vergewaltigte sie.

Bei den Indo-Ariern (wie bei den Kelten) war das Pferd das edelste Opfertier. Das Ritual des Pferdeopfers wird im Sanskrit *áśvamedha* genannt. Rösser erscheinen auch als Element in der Gründung königlicher Dynastien, wie in den indischen Mythen um die epische Heldin Madhavi, die einem König zur Frau gegeben wird. Ihr Brautpreis sind zweihundert Pferde in der Farbe des Mondes und mit einem schwarzen Ohr.

Das prähistorische Frühstadium des Viehnomadismus hat im Wortschatz der proto-indoeuropäischen Grundsprache deutliche Spuren hinterlassen. Diese Terminologie umfasst Ausdrücke zur Bezeichnung der wichtigsten Herdentiere (Ziege – Capra hircus; Schaf – Ovis aries), und zwar für männliche, weibliche und Jungtiere, außerdem für Weideland, Herde u. a. (nach Haarmann 2007b: 163):

Ziege	
**díks*	‹Ziege›
**bhuĝos*	‹Ziegenbock, männl. Ziege›
*h_a*eiĝs*	‹Ziege›
*h_a*eĝós*	‹männl. Ziege›
Schaf	
*h_2*óu̯is*	‹Schaf›
*h_2*óu̯ikéh*$_a$	‹Mutterschaf›
*h_a*eg*^{w}*hnos*	‹Lamm›
**u̯r*h_1*én*	‹Lamm›
*h_1*er-*	‹Lamm, Junges›
Weide	
**lendh- ~ *londh-*	‹offenes Land, Ödland›
**póh*$_x$*iu̯eh*$_a$*-*	‹offenes Weideland›
*?*u̯élsu*	‹Weide, Wiese›
Herde	
**u̯rētos* (oder **u̯eruh*$_1$*tos?*)	‹Herde von Kleintieren (Schafe, Ziegen)›
**kerdheh*$_a$*-*	‹Herde, Schar›

Basiselemente dieser Terminologie – sozusagen diagnostische Indikatoren für die nomadische Wirtschaftsform – haben sich in allen Sprachzweigen des Indoeuropäischen erhalten (Mallory/Adams 1997), mit einem Schwergewicht in den östlichen Sprachen. Angesichts der evolutiven Abfolge der sozioökonomischen Systeme (Wildbeutertum > nomadische Viehwirtschaft) und der Entstehung der weltweit frühesten Form von Viehnomadismus in Osteuropa gilt festzustellen, dass diese Terminologie zur ältesten Schicht des gemein-indoeuropäischen Wortschatzes gehört.

Eine spezielle Domäne der Nomadenwirtschaft bei den Proto-Indoeuropäern war die Haltung von Honigbienen. Diese Zusatzquelle der Nahrungsversorgung hat ihren Ursprung in der Übergangszone der Waldsteppe an der mittleren Wolga. Hier wuchsen die von Honigbienen (mit den Unterarten Apis mellifera und Apis cerana) bevorzugten Baumarten, nämlich Eiche (Quercus robur) und Linde (Tilia cordata). Die Blüten dieser Bäume produzieren einen besonderen Nektar, und der von den in Baumhöhlen nistenden Bienen gesammelte Honig hat einen ausnehmend feinen Geschmack. Die Terminologie, die sich auf Bienenhaltung und Honigproduktion bezieht, ist ebenso alt wie der Wortschatz des Viehnomadismus und ebenfalls in allen Zweigen der indoeuropäischen Sprachfamilie verbreitet. Die Ausdrücke für ‹Honig› (proto-IE **medhu-)*, ‹Biene› (ältere Form **meksi-*, jüngere Form **melit-*) und ‹Bienenwachs› (**wosko-/ *wokso-*) gehören zu den ältesten indoeuropäischen Entlehnungen in der uralischen Grundsprache (Carpelan/Parpola 2001: 114 ff.). Die betreffenden Wörter leben beispielsweise im Finnischen als *mesi* ‹Honig›, *mehiläinen* ‹Biene› und *vaha* ‹Wachs› weiter.

Prähistorische Klimaschwankungen als Auslöser der Migrationen

Nomadische Gemeinschaften sind seit jeher mit ihren Viehherden besonders anfällig gegenüber sich verändernden Witterungsbedingungen oder Klimawandel. Dürreperioden oder Frosteinbrüche während der Wintersaison können die Existenz ganzer Populationen gefährden. Beispielsweise sind in dem harten Frost des Winters 2009/2010 mehr als zwei Mio. Tiere auf den Weiden der Mongolei umgekommen. In Perioden mit besonders günstigen Bedingungen können sich die Herden vermehren, was wiederum eine Ausdehnung der Weideflächen bedeutet. In Trockenperioden wird der Viehbestand wegen Wassermangel dezimiert und die Nomaden müssen auf Notweiden ausweichen. Diese ökologisch verursachten Fluktuationen des genutzten Weidelandes bestimmen den Rhythmus der für nomadische Gesellschaften typischen Migrationsbewegungen.

In den Klimaschwankungen des Holozäns (d.h. der Epoche nach der Eiszeit) sind die Motivationen für die klein- und großräumigen Migrationen der Proto-Indoeuropäer zu suchen (Carpelan/Parpola 2001: 117 ff., Burroughs 2005: 237 ff., Gronenborn 2005):

- Das feuchtwarme Klima der *atlantischen Periode* (ca. 6900–4100 v. Chr.) begünstigte die Haltung größerer Herden, und es war erforderlich, Weidegründe mit größerer Ausdehnung für die Herden zu erschließen. Während dieser Zeit dehnten die Steppennomaden ihr Weideland bis in die Nachbarschaft der Ackerbauern im Westen aus, d.h. bis in die Nähe der Siedlungen der Trypillya-Kultur in der östlichen Ukraine. Um die Mitte des 5. Jahrtausends v. Chr. setzte die erste Wanderung der Kurgan-Leute ein (Gimbutas 1991: 361 ff.), die auf die Region im Nordwesten des Schwarzen Meeres gerichtet war. In der Gegend von Varna gab es einen begehrten Rohstoff, der in der Steppe knapp war, im Nordosten der Balkanregion dagegen mehr als ausreichend zur Verfügung stand: Salz (Nikolov 2008). Dies war eine der Motivationen für die Stoßrichtung der frühen Migrationen von Steppennomaden.
- Die atlantische Periode endete mit einem drastischen Klimawechsel, der ausnehmend kalte Wetterbedingungen im Zeitraum zwischen 4100 und 3800 v. Chr. hervorrief. Das ökologische Gleichgewicht in der Steppe war weiträumig davon betroffen. Wahrscheinlich ist diese Klimaschwankung ausschlaggebend für die zweite Kurgan-Migration, in deren Verlauf Proto-Indoeuropäer weit ins Gebiet der Ackerbauern der Trypillya-Kultur vordrangen (Parpola 2008: 36 ff.).
- Während der *subborealen Periode* (ca. 3800–600 v. Chr.) trocknete der Steppengürtel kontinuierlich immer mehr aus, was zu einer Verknappung der nutzbaren Weideflächen führte. Möglicherweise motiviert sich die dritte Kurgan-Migration

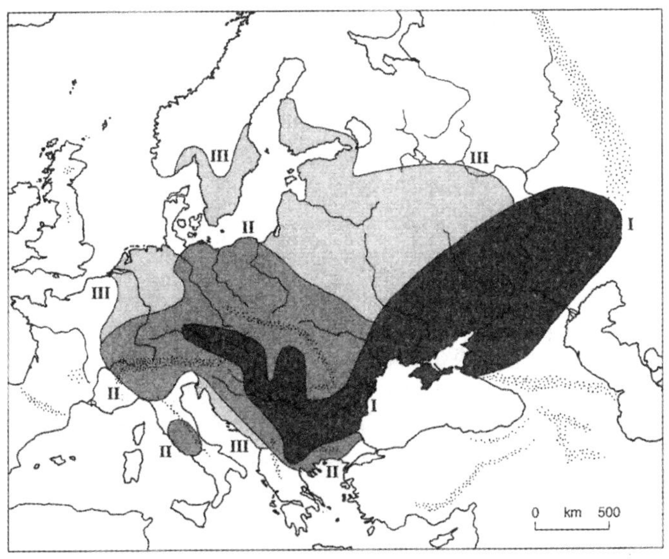

6 Die Kurgan-Migrationen (nach Mallory/Adams 1997: 339)
I ca. 4500–4300 v. Chr.
II ca. 3500 v. Chr.
III ca. 3100–2900 v. Chr.

(ca. 3100–2900 v. Chr.) aus dem ökologischen Druck, neues Weideland im Westen zu erschließen, was die entscheidende Überformung der Ackerbauer-Kulturen zur Folge hatte (dazu mehr in Kap. 3).

Die Steppennomaden im Kontakt mit den Ackerbauern

Zu den ältesten kulturellen und sprachlichen Nachbarschaftskontakten der indoeuropäischen Populationen gehören die zu den Uraliern in der Waldzone nördlich der indoeuropäischen Urheimat. Sie gehen auf das 6. Jahrtausend v. Chr. zurück. Im 5. Jahrtausend v. Chr. setzten die Kontakte der Indoeuropäer mit ihren Nachbarn im Süden, den Kaukasiern, ein. In dieser Kontaktzone blüht um 3700 v. Chr. die Maikop-Kultur auf (s. Karte S. 21, Abb. 2), benannt nach deren wichtigstem Fundort im Nordosten des Schwarzen Meeres (südlich des Kubanflusses). Die materielle Hinterlassenschaft umfasst auch Objekte, die auf Handelskontakte nach Mesopotamien (und zwar Uruk) weisen (Anthony 2007: 290 ff.), zum Beispiel ein Zylindersiegel mit dem Motiv des Lebensbaums und dem stilisierten Bild eines Hirschs. Diese frühen Kontakte der Indoeuropäer im Norden und Süden haben auch sprachliche Spuren hinterlassen, nämlich frühe Entlehnungen des Indoeuropäischen in den uralischen und nordkaukasischen Sprachen (Haarmann 1996b).

In jene Periode (zwischen ca. 4700 und 4500 v. Chr.) fallen auch die frühen Berührungen indoeuropäischer Steppennomaden mit den Ackerbauern in der südlichen Ukraine; Carpelan/Parpola 2001: 64). Diese Kontakte mögen zunächst friedlich gewesen sein, sie gerieten aber immer mehr zu militanten Auseinandersetzungen über die Kontrolle von Weideland, das natürlich von den Ackerbauern ebenso beansprucht wurde. Diese Region gehörte zum Einflussgebiet der Trypillya-Kultur (im Russischen: Tripolje), benannt nach einem Fundort südlich von Kiew. Die Verteidigung der Siedlungen in der Trypillya-Region gegen die eindringenden Leute aus der Steppe erlahmte schon nach kurzem, und die Nomaden-Clans etablierten sich als herrschende Gruppen über die lokale nicht-indoeuropäische Bevölkerung. Die Übernahme der Kontrolle über die lokalen Siedlungen fällt in die Spätphase von Trypillya B1 (zwischen ca. 4100 und 4000 v. Chr.; Dergachev 2002: 107). Die Trypillya-Kultur wurde aber nicht verdrängt, sondern beeinflusste ihrerseits die Kultur der Steppennomaden. Die archäologische Hinterlassenschaft dieser Fusion nicht-indoeuropäischer mit indoeuropäischen Traditionen vermittelt das Bild einer weitgehenden Akkulturation der sesshaft werdenden Leute aus der Steppe: Sie lernten den Pflanzenanbau von den Einheimischen und nahmen agrarische Lebensweisen an.

Synchron dazu fand auch eine neue sprachliche Orientierung der Menschen statt, deren Vorfahren in der Steppe gelebt hatten (Mallory Adams 2006: 167 ff.). Die ältesten Elemente der Ackerbauterminologie, die in indoeuropäischen Sprachen überliefert sind, stammen aus jener Periode, aus der Spätphase des Proto-Indoeuropäischen. Sie sind aber jünger als die Termini des Nomadenlebens in der Steppe. Zudem sind nur wenige Kernbegriffe des Pflanzenanbaus gemein-indoeuropäisch, ganz im Unterschied zum Wortschatz des Viehnomadismus mit seiner weiten Verbreitung.

Die traditionellen Kunstformen Alteuropas, die sich bis in die Trypillya-Region verbreitet hatten, lebten weiter, etwa die aus der Donauzivilisation bekannten Basismotive des Dekors auf Keramik und Skulpturen oder Figurinen und Miniaturaltäre. Das indoeuropäische Element in dieser kulturellen Fusion ist leicht an der Präsenz einer besonderen Kategorie von Artefakten erkennbar: an den für Alteuropa untypischen skulpierten Äxten mit stilisierten Pferdeköpfen – der aus der Steppe bekannte diagnostische Indikator der indoeuropäischen Nomadenkultur. Offensichtlich wollten die eindringenden Nomadenführer die bestehende Kultur nicht zerstören, sondern einbeziehen und kontrollieren (Parpola 2008: 37). Die Überformung der lokalen Sprache in der Trypillya-Region durch das Indoeuropäische, die Sprache der Elite, setzte den Prozess der Indoeuropäisierung in Gang, der schon bald immer weitere Kreise zog.

Die Kultursymbiose in der Ukraine, im östlichen Areal der späten Trypillya-Kultur, ist die letzte Phase in der Entwicklung des Proto-Indoeuropäischen. Die Auflösung der einheitlichen Grundsprache zieht sich über einen längeren Zeitraum hin, setzt im späten 5. Jahrtausend v. Chr. ein, verstärkt sich im 4. Jahrtausend v. Chr. und läuft in die Ausgliederungstrends des 3. Jahrtausends v. Chr. aus. Zunächst betrifft die Ausgliederung nur Europa (s. Kap. 4), setzt sich aber später in Zentralasien, im Mittleren Osten und in Indien fort (s. Kap. 5 und 6).

Eine Schlüsselrolle für die lokalen Akkulturationsprozesse spielte die Usatovo-Kultur (ca. 3300–2900 v. Chr.) im Südwesten der Ukraine und in Moldawien, benannt nach einem Fundort östlich des Dniester an der Schwarzmeerküste. Diese Mischkultur ist der letzte Ausläufer der Trypillya-Kultur in der Ukraine. In den Siedlungen findet man die Spuren zweier Kulturen: Kurgan-Bestattungen mit typischen Beigaben der Steppentradition (Steinäxte mit Pferdekopfverzierung) sowie flache Erdgräber mit weiblichen Statuetten als Beigaben nach alteuropäischer Art liegen im selben Areal. Der Warenaustausch mit den Siedlungen im Nordwesten war rege, und der politische wie auch der sprachlich-kulturelle Einfluss, der von Usatovo ausstrahlte, machte sich bis weit in die Trypillya-Region bemerkbar (Anthony 2007: 351).

Von der Usatovo-Region ging möglicherweise die dritte Migration der Indoeuropäer aus, die auf das Gebiet der mittleren Donau und nach Südungarn gerichtet war. Die formative Frühphase der ältesten indoeuropäischen Kulturkomplexe in Westeuropa steht vielleicht im Zusammenhang mit dieser Bewegung. Dies gilt für das Italische, Germanische und Keltische.

Wagenbau und Metallhandwerk – Neue Technologien

Die Fusion von Steppenkultur und agrarischer Lebensweise brachte auch revolutionäre Innovationen hervor, die für die Folgekulturen unverzichtbar werden sollten. Die Anfänge der Metallverarbeitung in Europa sind terminologisch in der Sprache der Alteuropäer dokumentiert, und etliche dieser lexikalischen Elemente haben sich als Substrat im Altgriechischen erhalten: altgriech. *metallon* ‹Metall›, *kassiteros* ‹Zinn›, *kibde* ‹Metallschlacke›, *chalkos* ‹Kupfer›. *Chalkos* steht in Beziehung zu *chalke* (bzw. *kalche*) ‹Purpurschnecke›. Dies ist ebenfalls ein vorgriechisches Lehnwort. Der Name für Kupfer ist also in Anlehnung an die rötliche Farbe des Metalls gewählt worden.

Kupfer wurde seit ca. 5500 v. Chr. in Alteuropa bearbeitet, d. h. vor der Periode der indoeuropäischen Kontakte zu den Alteuropäern. Es ist daher folgerichtig, dass der Ausdruck für dieses Metall – wie überhaupt der allgemeine Terminus für ‹Metall› – aus der Sprache der Alteuropäer stammt und nicht zum Wortschatz der indoeuropäischen Grundsprache gehörte. Das Kerngebiet der Technologie der Metallverarbeitung lag in der karpatisch-balkanischen Region, und dieses Areal dehnte sich nach und nach in die Zone der Waldsteppe nach Osten aus.

7 Ältestes rekonstruiertes Wagen-Modell, Schwarzmeerregion 4. Jt. v. Chr. (nach Videjko 2008: 80).
Dazu im Vergleich: Skythisches Wagenmodell aus Ton, 3. Jh. v. Chr. (nach Schiltz 1994: 353).

Anders steht es mit den Ausdrücken für ‹Gold› in den indoeuropäischen Sprachen. Aus Gold gefertigte Artefakte treten erstmals um 4500 v. Chr. auf. Die ältesten Objekte aus gehämmertem Goldblech sind Grabbeigaben aus dem Gräberfeld von Varna (Anthony 2009: 195 ff.). Die Gräber von Varna weisen eindeutig auf soziale Unterschiede in der damaligen Gesellschaft. Einige wenige Gräber sind ausnehmend reich ausgestattet. In einem Grab wurde ein elitäres Statussymbol gefunden, ein Szepter mit vergoldetem Schaft. So veranschaulicht die Kultur von Varna die oben beschriebene Integration von nomadischer und agrarischer Gesellschaftsform besonders deutlich.

Die weltweit ältesten Hinweise auf die zweite fundamentale Innovation, die Verwendung von Wagen mit vier Rädern, stammen aus der Trypillya-Region, aus der Kontaktzone von Indoeuropäern und Alteuropäern. Das älteste bekannte Wagenmodell hatte vier hölzerne Scheibenräder – Speichenräder wurden erst viel später eingeführt –, dazu einen runden Aufbau zum Schutz des Transportguts. Dieses in der ersten Hälfte des 4. Jahrtausends v. Chr. entwickelte Wagenmodell erwies sich als sehr erfolgreich; noch 3000 Jahre später war es in ungefähr dieser Form auch bei den Skythen verbreitet (s. Abb. 7). Als Zugtiere wurden sowohl Ochsen als auch Pferde verwendet. In schwergängigem Gelände fiel die Wahl wohl auf Ochsen mit ihrer stärkeren Zugkraft.

Die Konstruktion von Wagen setzt die Erfindung des Rads voraus. Radförmige, rotierende Arbeitsplattformen für das Töpferhandwerk wurden schon im 5. Jahrtausend v. Chr. in der Cucuteni-Region (Moldawien) genutzt (Gimbutas 1991: 122), die wie die Trypillya-Kultur auch Teilareal der Donauzivilisation war. Solche Vorläufer der Töpferscheibe wurden in etwa zeitgleich auch in Mesopotamien nutzbar gemacht. Die Idee, die Drehkraft der horizontal rotierenden Scheibe in die Vertikale umzusetzen, brachte den Durchbruch für die Wagentechnologie der Leute in der bikulturellen Trypillya-Region.

Im Wortschatz der indoeuropäischen Grundsprache werden mehrere Ausdrücke für den Begriff ‹Rad› unterschieden (Parpola 2008: 4 ff.), nämlich **k^wek^wlos* ‹Rad› und **rot-eh*$_2$ ‹Rad›. Eine Erklärung dafür mag sein, dass die Radtechnologie nicht auf einer einmaligen Erfindung, sondern auf einer längeren Kette von Experimenten mit Rad und Achse beruht (Huld 2000: 95).

*k^wek^wlos
altnord. *hvel* ‹Rad›, altengl. *hweohl* ‹Rad›, mndl. *wiel* ‹Rad›, avest. *čaxtra* ‹Rad›, altgriech. *kuklos* ‹Kreis› und *kukla* (Pl.) ‹Räder›, tochar. *kukal* ‹Wagen›

**rot-eh*$_2$-
altir. *roth* ‹Rad›, latein. *rota* ‹Rad›, ahd. *rad* ‹Rad›, lit. *ratas* ‹Rad›, lett. *rats* ‹Rad› und *rati* (Pl.) ‹Wagen›, alban. *rreth* ‹Ring, Reifen›, avest. *ratha* ‹Karren, Wagen›, altind. *rátha* ‹Karren, Wagen›

*h_2*eks-*,
lat. *axis* ‹(Rad)Achse›, altengl. *eax* ‹Achse›, ahd. *ahsa* ‹Achse›, altkirchenslaw. *osi* ‹Achse›, altind. *ákṣa* ‹Achse›

Die Waldgebiete Westeuropas waren für Wagen mit hölzernen Rädern ebenso wenig geeignet wie die hügeligen, von Flussläufen durchzogenen Landschaften der Balkanregion. Besonders eignete sich dieses Transportmittel allerdings in der offenen Landschaft der Waldsteppe und Steppe, dem charakteristischen Terrain der östlichen Trypillya-Region. Von dort verbreiten sich Rad und Wagen ab ca. 3500 v. Chr. Belegt ist, dass die Träger der Jamnaja-Kultur, die um 3300 v. Chr. aus der pontischen Steppe zogen, Druck auf die Siedlungen der Usatovo-Leute ausübten und deren Westbewegung im Zuge der dritten Kurgan-Migration auslösten, in ihrem Tross nicht nur Packtiere, sondern auch Wagen mitführten (Parpola 2008: 34).

Akkulturation und Sprachwandel

Die Akkulturation der Steppennomaden an die agrarische Lebensweise der sesshaften Bevölkerung im Gebiet der östlichen Ukraine zeitigte weitreichende Folgen auch auf sprachlicher Ebene. Die Sprecher des Proto-Indoeuropäischen nahmen im zweisprachigen Milieu neue Sprechgewohnheiten an, als deren Resultat ihre Sprache einen entscheidenden Lautwandel erlebte. Vom Wandel betroffen war eine Gruppe von Lauten, für die in der Sprachwissenschaft die Bezeichnung «Laryngale» gebräuchlich ist. Laryngale sind typisch für die Phonetik der protoindoeuropäischen Grundsprache (Bammesberger 1988), und sie treten in anderen rekonstruierten Grundsprachen nicht auf. Die Benennung bezieht sich auf die Artikulationsstelle dieser Laute im Kehlkopf (lat. *larynx*), es handelt sich um Kehlkopfverschlusslaute, von denen der im Deutschen und Dänischen auftretende Knacklaut (engl. *glottal stop*) am bekanntesten ist. Einige Forscher nehmen nur einen Laryngal (und zwar diesen Knacklaut) für das Proto-Indoeuropäische an, am verbreitetsten ist die Annahme von drei Laryngalen. Die Laryngale werden in den Wortrekonstruktionen durch H_1, H_2, H_3 (evtl. H_4) gekennzeichnet (z. B. **$h_1$ekuos* ‹Pferd›).

Die Existenz der Laryngallaute im Proto-Indoeuropäischen lässt sich indirekt an Hand der alten Entlehnungen in den uralischen Sprachen nachweisen. Finn. *kallis* ‹teuer, kostbar; lieb› geht auf indoeurop. **$h_2$al-yes* zurück. In den indoeuropäischen Sprachen ist der Laryngal dagegen verlorengegangen, wie die Reflexe in altind. *aryá-* ‹gütig, hold, ergeben› oder altnord. *elskr* ‹herzlich zugetan, von Liebe erfüllt› zeigen. Trotz ihrer Bedeutung für das Lautsystem der Grundsprache sind in den Einzelsprachen nur Relikte der Laryngallaute erhalten geblieben, und zwar im Hethitischen, Armenischen und Albanischen.

Man kann nur darüber spekulieren, warum und wann die Laryngale aufgegeben worden sind. Vieles spricht dafür, dass der Wandel in den Sprechgewohnheiten, der dem Lautverlust vorausging, ausgelöst wurde vom Umschichtungsprozess, den Kultur und Sprache der Steppennomaden durchmachten, nachdem sie sich im Gebiet der Trypillya-Kultur niedergelassen hatten und im ständigen Sozialkontakt mit der dortigen einheimischen Bevölkerung standen.

3. Die Ursprache und ihre Verzweigung

Struktur und Typik des Proto-Indoeuropäischen

Soweit sich das Proto-Indoeuropäische mit den vergleichenden Methoden der Sprachwissenschaft rekonstruieren lässt, ist festzustellen, dass diese Sprachform des 7. und 6. Jahrtausends v. Chr. ein komplexes Lautsystem besaß (Beekes 1995: 54 ff.). Unterschieden wurden zwar lediglich vier Vokale, allerdings war das Inventar der Konsonanten mit fast 30 Einheiten sehr differenziert. Kombinationsregeln machten die Häufung von bis zu drei Konsonanten in Clustern möglich. Eine Besonderheit des Proto-Indoeuropäischen ist das Phänomen des Ablauts, d. h. der systemhaften Veränderung der Lautung in den Silben von Wortstämmen. Ablaut (bzw. Umlaut) tritt in historischen und modernen indoeuropäischen Sprachen auf (z. B. dt. *Huhn: Hühner*, *finden: fand: gefunden*; kymr. *ffordd* (Sg.): *ffyrdd* (Pl.) ‹Straße›). Die Rekonstruktion des Lautstandes der Grundsprache aus den Lautzuständen einzelner Sprachzweige des Indoeuropäischen trifft auf besondere Schwierigkeiten, wenn man es mit sukzessiven regelhaften Veränderungen zu tun hat – wie im Fall der germanischen Konsonantenverschiebungen, v. a. bei den Explosivlauten *p, t, k, ph, th, kh* und ihren stimmhaften Entsprechungen –, die ursprüngliche oder zwischenzeitliche Sprachzustände verdecken (s. Abb. 8).

So entspricht zum Beispiel ie. **dheubos* dem altnord. *djupr*,

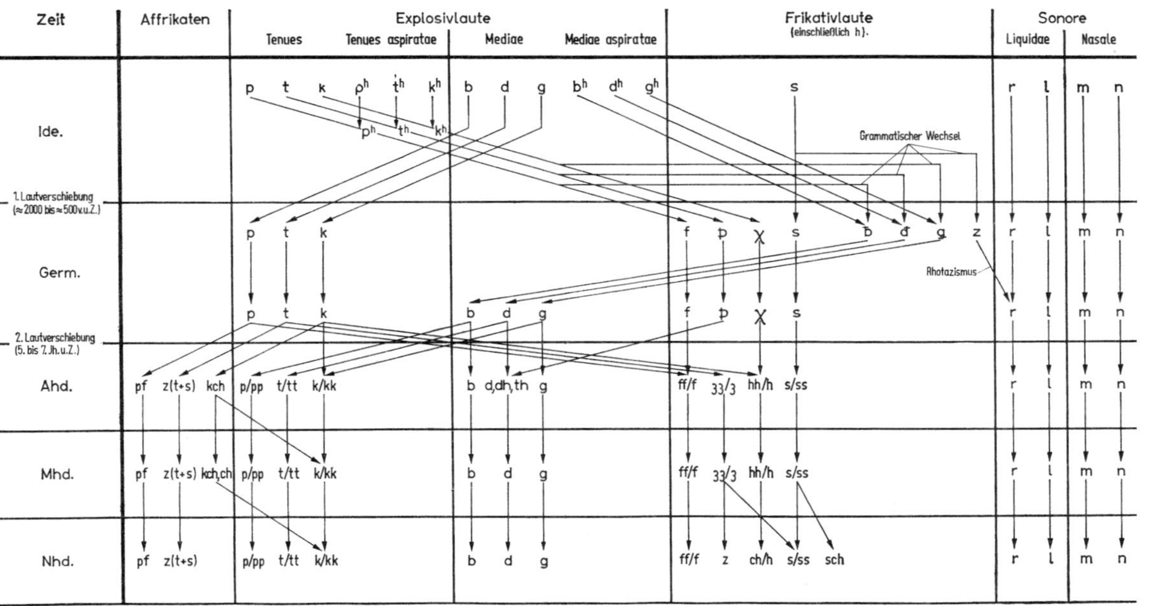

8 Entwicklung des Konsonantismus vom Indoeuropäischen zum Germanischen und weiter bis zum Neuhochdeutschen (nach Schmidt 1970)

altengl. *deop*, dem got. *diups*, dem althochdt. *tiof* und nhd. *tief*; ie. **tuh*$_x$ dem altnord. und altengl. *thu*, mengl. *thou*, got. *thu*, ahd. *t(h)u*, nhd. *du; ie. *ĝenu* dem altnord. *kinn,* altengl. *cinn,* got. *kinnus,* ahd. *chinne,* nhd. *Kinn.*

Betrachtet man die Typologie von Sprachen, so deutet die Verwendung einer Vielzahl von grammatischen Formen, die an den Wortstamm geheftet werden (z.B. Kasusendungen), auf stark flektierende Sprachtechniken und ist Ausdruck des synthetischen Prinzips in der Architektur einer Sprache. In einer synthetischen Verbform wie latein. *cantabo* sind Informationen über die Grundbedeutung (*canta-* ‹singen›) ebenso wie Hinweise auf die Zeitform *(-b-* als Marker des Futurs) und die handelnde Person (*-o* = 1. Pers. des Personalpronomens, ‹ich›) gespeichert. Dieser Form entspricht nach dem analytischen Prinzip eine aus getrennten Wörtern gebildete Form wie dt. *ich werde singen.*

Hinsichtlich der Typik des Proto-Indoeuropäischen lässt sich – mit Mallory/Adams (1997: 464) – annehmen, das es «hochgradig flektierend», also stark synthetisch organisiert war, denn «je früher eine Sprachgruppe dokumentiert ist, desto komplexer ist das ‹Paket› der flektierenden Sprachtechniken», und außerdem zeigen viele indoeuropäische Sprachen «eine Reduktion des Bestands ihrer flexivischen Elemente im Lauf ihrer Geschichte». Von den indoeuropäischen Sprachen sind das Sanskrit und das Litauische (als Vertreter des Baltischen) besonders konservativ. Hier hat sich ein hoher Anteil des ursprünglichen proto-indoeuropäischen Formenreichtums erhalten (s. Abb. 9).

Das Altgriechische ist konservativ und hat den synthetischen Charakter des Proto-Indoeuropäischen – anders als die neugriechische Sprachform (s. u.) – noch gut erhalten. Zu den Techniken des altgriechischen Sprachbaus gehörten (1) Wortzusammensetzungen, (2) Ableitungen mit Hilfe von Formantien (Prä- und Suffixen), (3) Verwendung grammatischer Endungen. Alle drei Techniken können für die Bildung ein und desselben Wortes eingesetzt werden. Das wohl berühmteste Beispiel für die synthetische Kapazität des Altgriechischen ist das längste Wort der Literaturgeschichte, das von dem Komödiendichter Aristophanes (448 – ca. 380 v. Chr.) in seinem Werk «Ekklesiazusen»

	Sanskrit	*Griechisch*	*Lateinisch*	*Gotisch*	*Litauisch*
Sg.					
Nom.	dán	odṓn	dēns	*tunþus	dantìs
Gen.	datás	odóntos	dentis	*tunþáus	dantiẽs
Dat.	daté	odónti	dentī	tunþáu	dañčiui
Akk.	dántam	odónta	dentem	tunþu	dañtį
Abl.	datás		dente		
Lok	datí				dantyjè
Instr.	datā́				dantimì
Vok.	dan	odṓn	dēns	* tunþu	dantiẽ
Pl.					
Nom.	dántas	odóntes	dentēs	* tunþjus	dañtys
Gen.	datā́m	odóntōn	dentium	tunþiwē	dantų̃
Dat.	dadbhyás	odoûsi	dentibus	tunþum	dantìms
Akk.	datás	odóntas	dentēs	tunþuns	dantìs
Abl.	dadbhyás		dentibus		
Lok	datsú				dantysè
Instr.	dadbhís				dantimìs
Vok.	dántas	odóntes	dentēs	* tunþjus	dañtys

9 Der Formenreichtum im grammatischen Bau indoeuropäischer Sprachen; dargestellt anhand der Nominalflexion, Beispielwort ‹Zahn› (nach Baldi 1987: 26)

verwendet wird. Dieses Wort setzt sich aus Dutzenden von Morphemen zusammen und wird im Griechischen mit insgesamt 170 Buchstaben geschrieben:

Lopadotemachoselachogaleokranioleipsanorimupotrimmatosilphiiokarabomelitokatakechumenokichlepikossuphophattoperisteralektruonoptokephalliokinklopeleiolagoiosiraiobaphetraganopterugon. Es handelt sich um den Namen eines komplexen Gerichtes (Fisch, Krabben, Taube, Huhn u. a.) mit vielen Zutaten (Honig, neuer Wein u. a.).

Die Entwicklung des Formenschatzes des Proto-Indoeuropäischen in den einzelnen Sprachzweigen zeigt zweierlei Trends: zum einen ein Bewahren (oder sogar eine Verstärkung) des Synthetismus, zum anderen einen Übergang zu analytischen Ausdrucksweisen. In der Sprachtypologie der 1960er Jahre (Greenberg u. a.) sind die Grundlagen erarbeitet worden, das Verhältnis von Synthetismus zu Analytismus formal zu beschreiben. Der Synthetismusindex resultiert danach aus dem Verhältnis der Anzahl der Morpheme (= bedeutungstragende Einheiten wie Wortstamm oder grammatische Endungen) pro Wort, ausgedrückt im Maß M/W (morphemes per word). Nach Greenberg sind Sprachen mit einem Durchschnittswert über 2,0 synthetisch und solche unter 2,0 analytisch.

Im Bauplan einiger Sprachen bleibt die synthetische Architektur weitgehend erhalten. Beispiele dafür bieten das Slawische und Indo-Arische. Die meisten Suffixe des Indoeuropäischen bestehen aus jeweils einem Phonem (d. h. einem bedeutungsunterscheidenden Laut), während im Urslawischen Suffixe mit zwei Phonemen dominieren und sich die Suffixe in den modernen slawischen Sprachen aus zwei bis vier Phonemen zusammensetzen. Die slawischen Sprachen illustrieren also das Phänomen eines Anwachsens der Substanz formativer Elemente, und hierin manifestiert sich eine maximale Verstärkung des synthetischen Prinzips. Der Synthetismusindex des Altkirchenslawischen (M/W 2,29) liegt sogar höher als der des Finnischen (2,22), das nicht zum Kreis der indoeuropäischen Sprachen gehört.

Die Entwicklung vom altindischen zum mittelindischen Sprachstadium zeigt selektiv eine Zunahme des Synthetismus, beispielsweise im Pali mit Werten (je nach Textgenre) zwischen minimal 2,81 und maximal 3,30 (Elizarenkova/Todorov 1976: 245). Die Synthetismuswerte der Pali-Texte liegen sämtlich weit über dem Wert des Sanskrit (2,59). Werte über 3,0 signalisieren Polysynthetismus, d. h. ein extremes Maß an Gebundenheit von Morphemen am Wortstamm. Dies ist kein isoliertes Phänomen in der Sprachenlandschaft Indiens. Polysynthetismus ist dort auch in der Strukturtypik der dravidischen Sprachen vertreten (z. B. Tamil: 3,18).

In den anderen indoeuropäischen Sprachzweigen hat sich die Wirkung flektierender Sprachtechniken graduell abgeschwächt. Der synthetische Sprachbau hat sich in analytische Konstruktionen transformiert. Diese Transformationen werden im Vergleich der Werte für das M/W-Maß deutlich: z. B. Altgriechisch (2,07) vs. Neugriechisch (1,82); Altpersisch (2,41) vs. Neupersisch (1,52); Altenglisch (2,12) vs. Neuenglisch (1,68).

Insgesamt zeigt sich, dass analytische Tendenzen bei den indoeuropäischen Sprachen mit ihrer flektierenden Architektur eindeutig sekundäre Entwicklungen sind (Hinrichs 2004). Die graduelle Verstärkung des Analytismus kann berechtigterweise als Indiz für den Wandel vom hoch entwickelten flektierenden Typ mit seinen synthetischen Techniken (wie noch im Gotischen) in Richtung auf den isolierenden Typ mit analytischen Konstruktionen gewertet werden.

Kulturwandel und Sprachwechsel unter dem Druck der Elite

Mit der von Gimbutas konzipierten Kurgan-Theorie (s. Kap. 1) gab es ein Problem. Die von ihr postulierten Migrationen wurden als die Bewegungen von zahlenmäßig bedeutenden Bevölkerungsgruppen verstanden. Allerdings kann die Archäologie solche Migrationen nicht nachweisen, und auch die Humangenetik kann keine signifikanten Spuren im genomischen Profil späterer Bevölkerungen ausmachen. Die Vorstellung, dass riesige Reiterhorden aus der russischen Steppe nach Westen gestürmt wären, ist unhaltbar. Wie soll man sich nun aber die Verbreitung von Sprachen vorstellen, ohne dass gleichzeitig die Menschen, die Träger dieser Sprachkulturen, migrieren? Auf den ersten Blick scheint sich hier ein unlösbarer Widerspruch aufzutun, der aber dennoch ausgeräumt werden kann. Der Ansatz dafür liegt in der materiellen Hinterlassenschaft der Suvorovo-Kultur im Schwarzmeergebiet.

Die Gemeinschaften im Nordwesten des Schwarzen Meeres haben um die Mitte des 5. Jahrtausends v. Chr. einen durchgreifenden Wandel erlebt, und der lässt sich nicht anders als durch Fremdeinwirkung erklären. Das neolithische Gräberfeld von Varna an der Schwarzmeerküste bietet eine Neuerung, die für die früheren Bestattungssitten in Südosteuropa untypisch ist. Zum ersten Mal in der Geschichte Europas lassen die Gräber klare materielle Unterschiede in der Ausstattung erkennen. Wenige Gräber mit reichen Beigaben illustrieren den Kontrast zu den einfachen Beigaben der großen Mehrheit der Bestattungen.

Zu den wertvollen Grabbeigaben gehören auch die ältesten aus Gold gefertigten Objekte der Welt.

Solche Unterschiede in der Ausstattung mit Beigaben weisen auf eine hierarchische Sozialordnung und auf die Existenz einer Elite mit politischer Macht. Alles deutet darauf hin, dass die Angehörigen der Elite, die sich im Gebiet der Ackerbauern der Varna-Region etabliert hatten, aus der Steppe kamen (Mallory/Adams 1997: 338 ff.). Anthropologische und ethnographische Studien haben ein differenziertes Bild von nomadischen Gesellschaften vermittelt. Ob historisch oder rezent, nomadische Gemeinwesen sind streng hierarchisch aufgebaut, mit klarer Arbeitsteilung und sozialen Rangabstufungen (Kristiansen 1998: 189 ff.). Sehr verbreitet ist eine Gliederung nach lokalen Clans, wovon einer temporär oder für längere Zeit jeweils höchste Autorität genießt, sodass seine Mitglieder die Führungselite für die gesamte Gemeinschaft stellen. Die Frühphase der Indoeuropäisierung stellt sich in neuem Licht dar, und zwar als die politische Kontrolle von nomadischen Eliten über die sesshafte agrarische Bevölkerung.

Über die Motivation für die sesshaften Ackerbauern, die Sprache der Steppennomaden zu übernehmen, ist viel spekuliert und geschrieben worden. Es gibt inzwischen eine Grundlegung für den spezifischen Prozess, der für den anfänglichen Transfer indoeuropäischer Sprachen nach Westeuropa verantwortlich ist, nämlich Akkulturation und Assimilation ohne die Existenz staatlicher Organisation (Haarmann 2012).

Man könnte mit einiger Skepsis einwenden, dass langfristige Sprachwechselprozesse nicht vorstellbar seien, die allein durch das Prestige und die Machtposition von Eliten ausgelöst und aufrechterhalten werden können. In der Tat sind die aus der Kulturgeschichte bekannten Fälle von Sprachwechsel durch Eliteeinwirkung solche, wo nicht allein das Prestige einer Elite die Verbreitung von deren Sprache fördert, sondern wo dieser Prozess gleichzeitig eingebunden ist in das Bezugsnetz staatlicher Institutionen (etwa in Italien, wo sich zahlreiche lokale Sprachgemeinschaften unter dem Druck der römischen Staatsgewalt ans Lateinische assimilierten; s. Kap. 4, Italisch). Zu der Zeit, als sich die nomadischen Eliten bei den Ackerbauern etablierten, gab es aber noch keine staatliche Organisation. Die ältesten Staatswesen auf europäischem Boden waren die mykenischen Stadtstaaten, und die entstanden im 2. Jahrtausend v. Chr., also viel später als die Westbewegung der Indoeuropäer.

Dieser besondere Typ von eliteorientiertem Sprachwechsel in einem staatsfreien Kontaktmilieu wird in der neueren englischen Terminologie als «élite recruitment» beschrieben (Anthony 2007: 117 f.), womit ganz wörtlich die Anwerbung zur Assimilation und Akkulturation an die Elite zu verstehen ist. Dass soziale Eliten ihre Sprache erfolgreich als Machtinstrument einsetzen können, steht außer Zweifel (vgl. Pierre Bourdieu (1991) «Language and symbolic power»), wie so etwas aber in der Vorgeschichte ohne die Rückendeckung staatlicher Institutionen möglich war, kann nur postuliert werden. Hier soll nun auf einen gut dokumentierten ethnographischen Vergleichsfall aus späterer Zeit zurückgegriffen werden, an dem mehr als eine halbe Million Sprecher beteiligt waren.

Exkurs nach Mauritius: Die Entstehung einer Fusionssprache. Die Entstehung des französisch-basierten Morisien auf Mauritius ist durchaus geeignet, die Konstellation einer indoeuropäischen Sprache mit elitärem Status und nicht-indoeuropäischen Sprachen, die mit ihr fusionieren, zu veranschaulichen (Haarmann 2009b: 48 ff.). Die entscheidenden soziodemographischen Wandlungen auf Mauritius liefen im staatslosen Vakuum des 17. und 18. Jahrhunderts ab. Die ersten Zwangsarbeiter für die Zuckerrohrplantagen der holländischen Ost-Indien-Handelsgesellschaft kamen aus Madagaskar und Java. Die Holländer verließen Mauritius 1710, an ihre Stelle traten französische Siedler, die ab1715 die alte Sklavenordnung fortsetzten.

Die Sklaven lebten in kleinen Dorfgemeinschaften – jeweils nach Sprach- und Kulturgemeinschaften getrennt – unter sich. Das Französische als Medium der herrschenden Elite wurde zum Kommunikationsmittel auch unter den Sklaven selbst, die verschiedene afrikanische Sprachen (vor allem Varianten von Bantu) und das aus Madagaskar importierte Malagasy – eine austronesische Sprache – sprachen. Das Erlernen des Französischen erfolgte unkontrolliert, d. h. außerhalb einer geregelten schulischen Erziehung und ohne Beteiligung der französischen Schriftsprache.

Der «Wildwuchs» dieses Pidgin lässt sich beispielsweise am Kollaps des französischen Artikelsystems veranschaulichen. Im Morisien gibt es keinen bestimmten Artikel; französische Artikelformen sind allerdings als feste Bestandteile lexikalischer Elemente im kreolischen Wortschatz erhalten; z. B. kreol. *lavie* ‹Leben› (< frz. *la vie*) oder kreol. *lédoi* ‹Finger› (< frz. *le doigt*). Die Sprachen der Sklaven aus Afrika hinterließen ihrereits Spuren in diesem transformierten Französisch, der Wortschatz des Morisien besteht zu rund 25 % aus afrikanischen Substratwörtern (Carpooran 2005).

Die zweite oder dritte Generation der Sklaven auf der Insel erwarb das Pidgin-Französisch als Primärsprache, das somit zur Kreolsprache wurde; die Muttersprache(n) der Eltern ging für sie verloren. Das Französische erlebte in diesem Prozess selbst einen durchgreifenden strukturellen Wandel, die neue Kreolsprache war für die Plantagenbesitzer kaum noch verständlich. Als die Briten Mauritius ihrem Kolonialreich anschlossen, hatte sich bereits ein allgemeiner Sprachwechsel vollzogen. Das Kreolische wurde als Alltagssprache der Mehrheit der Inselbevölkerung so wichtig, dass auch spätere, indische Immigranten diese Sprache erlernten.

Eine ähnliche Drei-Phasen-Entwicklung – der Sprachwechsel der Bevölkerungsmehrheit zur elitären Minoritätssprache als Ausgangsbasis für die Konsolidierung und Verbreitung einer neuen Sprachform – lässt sich auch für die frühen Kontakte der Indoeuropäer an der Peripherie der Siedlungsgebiete der Ackerbauern nordwestlich des Schwarzen Meeres annehmen.

Die Geburt der Tochtersprachen

Die indoeuropäischen Sprachen zeigen vielfältige Phänomene einer Fusion sprachlicher Strukturen. Offenbar können, abhängig von der Intensität wechselseitiger Kontakte, prinzipiell alle Konstituenten des Sprachbaus von Fremdeinflüssen berührt und verändert werden (Curnow 2001). Der Wandel, den das Indoeuropäische im Kontakt mit den Sprachen Eurasiens erlebte, betrifft den Wortschatz ebenso wie das Lautsystem, die Grammatik und die Syntax.

Im Laufe der Expansion der Siedlungsgebiete der Indoeuropäer hat sich der ursprüngliche proto-indoeuropäische Komplex zunehmend aufgelöst, und es bildeten sich regionale Schwerpunkte mit kultureller und sprachlicher Sonderentwicklung heraus. Die endgültige Auflösung der proto-indoeuropäischen Grundsprache ist spätestens ca. 2500 v. Chr. erfolgt. Dafür sprechen nicht nur archäologische Funde in den Expansionsgebieten, die lokale Besonderheiten aufweisen, sondern auch Erkenntnisse der Lexikostatistik: In den Regionalsprachen lassen sich Spaltungsprozesse erkennen, nämlich ein Abdriften von Elementen des Wortschatzes (d. h. des Lautstands und der Stammformen der Grundsprache) sowie von Formantien (formbildenden Elementen der Wortbildung).

Natürlich stellt sich die Frage, ob es nicht bereits in der Periode der Grundsprache (ca. 7000–ca. 2500 v. Chr.) Variationen gegeben hat, wie die Unterscheidung zwischen regionalen Dialekten der Nomadenclans, zwischen der Normalsprache und einer mythopoetischen Sprachform, in der erzählt wurde (Beekes 1995: 41 f.). Insofern ist davon auszugehen, dass sich die für die Zeit nach 2500 v. Chr. nachweisbaren Spaltungen bereits früher angebahnt haben. Entsprechend dehnt sich die Periode des Abspaltungsprozesses vermutlich auch in die Zukunft aus, ist auch heute nicht abgeschlossen. Zumindest sind Ausgliederungen von Einzelsprachen bis in unsere Zeit zu beobachten (z. B. die Konsolidierung des Serbischen, Kroatischen und Bosnischen aus dem Serbokroatischen in den 1990er Jahren).

Bei der Ausgliederung entstanden folgende Sprachzweige: die indoiranischen (> indischen, iranischen), anatolischen, italischen, germanischen, keltischen, slawischen, baltischen Sprachen; dazu diejenigen Sprachen, die jeweils einen eigenen Zweig repräsentieren: Griechisch, Thrakisch, Illyrisch, Venetisch, Phrygisch, Armenisch, Tocharisch, Albanisch. Die Abspaltungsprozesse setzen in jedem Fall vor 1000 v. Chr. ein, in den meisten Fällen vor 2000

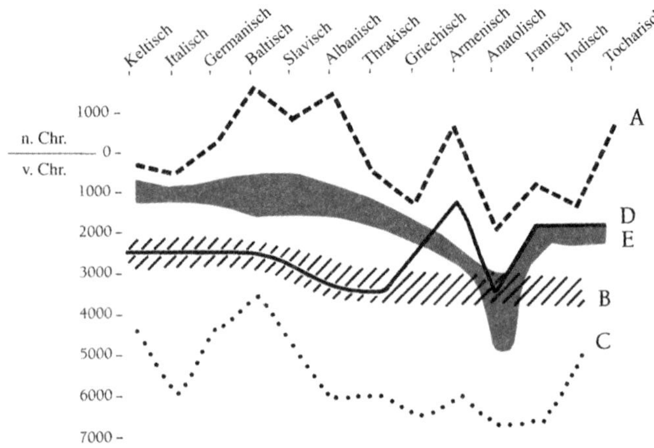

10 Die Ausgliederung regionaler Kulturkomplexe und Sprachzweige des Indoeuropäischen (nach Mallory/Adams 1997: 586)
A – Früheste Dokumentation regionaler Sprachzweige
B – Endphase des Proto-Indoeuropäischen vor der Spaltung in regionale Sprachzweige
C – Beginn des Neolithikums in den Regionen mit indoeuropäischen Populationen
D – Frühestes Auftreten von Indoeuropäern in einzelnen Regionen (nach dem Modell der Kurgan-Migrationen)
E – Zeitpunkt der Ausgliederung regionaler Sprachzweige (z. B. Proto-Keltisch, Proto-Germanisch, Anatolisch)

v. Chr. Die slawischen Sprachen differenzieren sich weiter erst ab etwa 600 n. Chr. aus, und der baltische Sprachzweig teilt sich in individuelle Einzelsprachen erst nach 1000 n. Chr.

Die historische Sprachwissenschaft hat elementare Spaltungsmuster erkannt. So werden im Hinblick auf die unterschiedliche Entwicklung der stimmlosen palatalen Konsonanten des Proto-Indoeuropäischen sämtliche Sprachen in zwei Großgruppen eingeteilt; als eine Art Marker fungiert dabei der Anlaut des Wortes für ‹100›:

- Kentum(Centum)-Sprachen: Anatolisch ohne Luwisch, Germanisch, Griechisch, Italisch, Keltisch, Tocharisch
- und Satem-Sprachen: Indo-Iranisch, Luwisch, Slawisch, Baltisch, Thrakisch, Albanisch, Armenisch.

4. Migration nach Westen (ab ca. 4000 v. Chr.)

Binnen weniger Generationen wurden aus den Viehnomaden, die sich als Eliten im Siedlungsgebiet der Alteuropäer etablierten, selbst Ackerbauern. Zwar dominierte das Indoeuropäische im Kontakt mit den Alteuropäern, die Indoeuropäisierung Südosteuropas und später Westeuropas war aber keineswegs eine einseitig gerichtete Assimilationsbewegung und Verdrängung der autochthonen Sprachen. Vielmehr beeinflussten die Sprachen der Alteuropäer ihrerseits die Sprache der Elite.

Das Proto-Indoeuropäische besaß eine spezialisierte, an nomadischen Lebensweisen und Viehhaltung orientierte Terminologie, die zu den ältesten Schichten seines Wortschatzes gehörte (s. Kap. 2). Als Folge der Akkulturation seiner Sprecher traten Elemente der Ackerbauterminologie als jüngste lexikalische Schicht des Proto-Indoeuropäischen hinzu (Mallory/Adams 2006: 166 ff., Haarmann 2007b: 163).

Die Distribution der Terminologien für Viehhaltung und Ackerbau scheint besonders plastisch im Wortschatz des Altgriechischen auf, d. h. in der ältesten Form des Indoeuropäischen in Europa, die schriftlich fixiert wurde. Während die vorgriechischen Sprachstadien – ebenso wie die indoeuropäischen und uralischen Proto-Sprachen – lediglich aufgrund historisch-komparatistischer Methoden rekonstruiert, also postuliert werden können, ist der altgriechische Wortschatz in Texten dokumentiert. Gerade das Altgriechische ist in besonderem Maße geeignet, die Fusionsprozesse zu illustrieren, die sich als Folge des «élite recruitment» entfalteten.

Die Symbiose mit Kultur und Sprachen Alteuropas

Das Verdienst, den Charakter der vorindoeuropäischen Kulturen Südosteuropas als Zivilisation (im Sinne von Hochkultur) erkannt und dokumentiert zu haben, kommt Marija Gimbutas (1982, 1991) zu. Die Konturen der alteuropäischen Zivilisation – heute vorzugsweise als Donauzivilisation bezeichnet – sind durch neuere Forschungen bestätigt worden (z. B. Haarmann 2003a: 95 ff., Anthony 2007: 225 ff., Marler 2008). Einen visuellen Eindruck von der verfeinerten Kunstästhetik der Alteuropäer vermitteln Skulpturen, die nach Stil und Formgebung sogar Künstler der Moderne wie Constantin Brancusi oder Henry Moore beeindruckt haben (Haarmann 2009a: 223 ff.; Abb. 11).

Alteuropa hat den Indoeuropäern nicht nur agrarische Lebensweisen vermittelt, sondern auch sprachliche Spuren hinterlassen. Nicht-indoeuropäische Substrateinflüsse lassen sich sowohl im Wortschatz als auch in den grammatischen Strukturen des Altgriechischen nachweisen (Strunk 2003). Unter den mehr als tausend vorgriechischen Substratelementen sind vor allem solche von Interesse, die den Wert von diagnostischen Markern der prähistorischen Akkulturation besitzen. Sie finden sich in den verschiedensten Domänen des altgriechischen Wortschatzes und illustrieren den technologischen Entwicklungsstand der sesshaften Bevölkerung, deren Errungenschaften denen der indoeuropäischen Immigranten überlegen waren.

Ausdrücke wie altgriech. *oinos* ‹Wein› und *elaia* ‹Olive› sind vorindoeuropäisch und weisen darauf hin, dass in Alteuropa Weine gekeltert und Oliven geerntet wurden, lange bevor die Indoeuropäer dorthin migrierten. Aufschlussreich sind auch die Substratelemente in Bereichen des Ackerbaus und der verschiedenen spezialisierten Handwerksbereiche, etwa altgriech. *eia* ‹Mehl›, *itrion* ‹Brot mit Sesamkörnern›, *klibanos* ‹Backofen›, *keramos* ‹Ton zur Keramikherstellung›, *kaminos* ‹Brennofen für Töpfer›, *plinthos* ‹Mauer mit einem Sockel aus Naturstein und einem Oberteil aus mit Lehm verschmiertem Flechtwerk› (Haarmann 1995a: 45 ff.). Hier handelt es sich nicht um Einzelwörter, vielmehr ließen sich ganze Bezeichnungsinventare spezieller

11 Alteuropäische Figurinen: «Sitzende Frau» und «Der Denker», ca. 5000 v. Chr.; Hamangia-Kultur/Rumänien (nach Kruta 1993: 84, 85)

Handwerkssparten erforschen, etwa von Webtechnologie und Textilherstellung. Die Steppennomaden kannten eine elementare Webtechnik zur Verarbeitung von Pflanzenfasern. Die fortgeschrittene Technik der Verarbeitung von aus Wolle gesponnenen Fäden, wie sie seit dem 6. Jahrtausend v. Chr. bei den Alteuropäern verbreitet war, lernten die Indoeuropäer erst im Zuge ihrer Migrationen kennen. Und so bildete sich im Altgriechischen eine vielschichtige Fachsprache aus indoeuropäischen und vorindoeuropäischen Ausdrücken, die sich zum Teil komplementär ergänzten, zum Teil als Synonyme nebeneinander gebraucht wurden (Barber 1991: 278 ff.). So gibt es für ‹Wolle› griech. *lenos* neben nicht-ie. *mallos*, für den ‹Webstuhl› aber nur das griech. *histos* und für ‹Schaft› nur das nicht-ie. *stup-*.

Elementare Bestandteile des griechischen Kulturwortschatzes sind über vielerlei Vermittlungsstufen in unsere modernen Kultursprachen transferiert worden und werden meist für genuin griechischen Ursprungs gehalten. Tatsächlich aber sind die oben erwähnten und zahlreiche andere Wörter Ausdruck der Kultursymbiose, die die Indoeuropäer im Zusammenleben mit der vorgriechischen Bevölkerung erfahren haben. Ähnliches gilt für das System der altgriechischen Wortbildung, das eine Reihe von vorgriechischen Formantien aufweist, die in Lexemen wie in Namen auftreten.

Nun ist zwar dieser indoeuropäisch-alteuropäische Fusionsprozess bisher ausschließlich für das (Alt)Griechische ausführlich dokumentiert worden. Aber auch in anderen Sprachen der Balkanregion sind Nachwirkungen sprachlicher Techniken des Alteuropäischen festzustellen. Nach neueren Erkenntnissen der Namenforschung haben sich bestimmte Residuen der alteuropäischen Substratsprache sogar weit über das altgriechische Sprachstadium hinaus bis in spätere Perioden der sprachlich-kulturellen Entwicklung in der Balkanregion erhalten (Poruciuc 1995: 35 ff.). Solche Spuren lassen sich beispielsweise in Personennamen nachweisen, die im Mykenisch-Griechischen, Illyrischen, Thrakischen und in modernen Balkansprachen vorkommen. Hierzu gehören Namen mit den Elementen *An-* (z. B. myken. A-ne-a, illyr. Ana, rumän. Ana, bulgar. Anko), *Ok-* (z. B. myken. O-ke-te-u, alban. Okiq, rumän. Ocut), *On-* (z. B. griech. Onasis, illyr. Onaion, thrak. Onakarsis, bulgar. Onkov) und *Obr-/Opr-* (z. B. myken. O-pe-ra-no, alban. Opari, rumän. Oprescu).

Inzwischen hat sich ein eigener Forschungszweig entwickelt, dessen Vertreter sich der Untersuchung kulturell-sprachlicher Kontinuität mit Langzeitwirkung widmen. Zusätzlich zu den namenkundlichen Erkenntnissen liegen Ergebnisse zur Folkloristik und zum Kunsthandwerk vor (Poruciuc 2010). Einige Beispiele: In einer Spezialstudie über Tonstempel mit figuralem Design ist der Entwicklungsstrang vom Neolithikum bis in die Neuzeit aufgezeigt worden (Gheorghiu/Skeates 2008). Solche Stempel wurden in der Donauzivilisation dafür verwendet, figurale und abstrakte Motive auf die Haut, auf Textilien und auf Ton zu fixieren. Später dienten die Stempel nurmehr zum Bedrucken von Textilien. Von verschiedenen Tanzformen wie dem Schlangen- und Feuertanz in Bulgarien nimmt man an, dass die Anfänge dieser Traditionen in Alteuropa zu suchen sind (Ilieva/Shturbanova 1997). Und für das in der Donauzivilisation verwendete Zeichenrepertoire lassen sich Nachwirkungen bis in die

12 Figurinen des Typs «Göttin mit erhobenen Armen»
links: Alteuropäische Figurine, frühes 5. Jahrtausend v. Chr. (nach Gimbutas 1991: 83)
rechts: Mykenisch-griechische Figurine, 12. Jahrhundert v. Chr. (nach Demakopoulou 1988: 96)

Epoche der Entstehung des griechischen Alphabets nachweisen; dies gilt für die sogenannten «Zusatzzeichen» (phi, chi und psi); (Haarmann 2008b).

Die Zusammensetzung des antiken, griechischen Götterpantheons und die Namen insbesondere der weiblichen Gottheiten passen nicht zur typischen Tradition der indoeuropäischen Mythologie, wohl aber zum Göttinnenkult der vorindoeuropäischen Bevölkerung. Die Gestalten von Göttinnen wie Demeter, Cybele-Artemis, Hestia, Athene und Aphrodite sind sämtlich vorgriechisch, ebenso wie die Funktionen, die sie für die Menschen erfüllten (Haarmann 1996a). Auch die Dominanz einer weiblichen Gottheit, von Bendis, der Hauptgöttin bei den Thrakern, sowie die Vielfalt der lokalen Göttinnenkulte bei den Illyrern (Ansotica in Liburnien, Ica und Iria in Flanona, Iutossica in Alvona, Latra in Nedinum) weisen auf die Kontinuität vorindoeuropäischer Traditionen hin (Wilkes 1992: 245 ff.). Hätten Indoeuropäer von Anbeginn in Anatolien und auf dem Balkan gesiedelt, würde man in der mythologischen Überlieferung der Griechen und anderer antiker Völker eher eine Dominanz männlicher Gottheiten erwarten.

Auch in den Stilformen der darstellenden Kunst sind Nachwirkungen der alteuropäischen Zivilisation auf die griechische unverkennbar. Dies gilt beispielsweise für Darstellungen weiblicher Personen mit erhobenen Armen, die als segnende Göttinnen interpretiert werden könnten (Abb. 12).

Zusammen mit den Stilformen wurden auch ornamentale Motive und Symbolzeichen Alteuropas tradiert, nicht nur in der griechischen, sondern auch in der thrakischen Kunst, etwa die Spirale, der Mäander, geometrische Formen wie Kreis, Dreieck und Quadrat u. a. Für einige Kultursymbole lässt sich die Kontinuität über mehrere Entwicklungsstufen nachweisen, so für das Motiv des Hakenkreuzes (s. Abb. 1, S. 13).

Von den ersten Kontakten der Steppennomaden mit den Ackerbauern des Westens bis zur vollen Entfaltung der Fusionsprozesse, die die Indoeuropäisierung charakterisieren, vergingen mehrere Jahrtausende. In dieser Zeit vollzog sich auf Seiten der alteuropäischen (d. h. vorindoeuropäischen) Populationen ein fundamentaler Sprachwechsel – wahrscheinlich über längere Perioden mit Zweisprachigkeit – zu lokalen Varianten des Indoeuropäischen, das sich entsprechend den regionalen Kontaktbedingungen mehr und mehr ausgliederte. Diejenigen, die das Indoeuropäische weiter nach Westeuropa transferierten, waren entweder Nachfahren der Steppennomaden, die Ackerbauern geworden waren, oder die Nachkommen der Alteuropäer, die einen Sprachwechsel vollzogen hatten und Indoeuropäisch sprachen.

Sprachkontakte zwischen Ackerbauern und Wildbeutern

Die Ausweitung der Bodenflächen, die für den Pflanzenanbau genutzt wurden, hatte in prähistorischer Zeit nicht unbedingt zur Folge, dass sich die Jäger und Sammler an der Peripherie akkulturierten und assimilierten. Viele zogen sich zurück in Zonen, die klimatisch gar nicht oder nur bedingt für den Anbau von Pflanzen geeignet waren. An den Peripherien verbreiteten sich indoeuropäische Sprachformen mit den sie sprechenden Ackerbauern, d. h. mit akkulturierten Alteuropäern.

In einem solchen Kontaktmilieu entfaltete sich ein reger Austausch zwischen Sprechern nicht-indoeuropäischer und indoeuropäischer Sprachen, ohne dass sich die Wildbeuter assimilierten. Allerdings ist eine starke Einflussnahme indoeuropäischer Sprachen festzustellen. Hier dominierte wie bei den Kontakten zwischen Steppennomaden und Ackerbauern das Indoeuropäische – aber nicht aufgrund der politischen Kontrolle durch eine Elite, sondern wegen des hohen Prestiges, das die Sprache der Ackerbauern für die Wildbeuter attraktiv machte. Dies ist charakteristisch für die Kontakte ostseefinnischer Wildbeuter zu Ackerbauern im Baltikum, die ins 2. Jahrtausend v. Chr. datieren.

Indoeuropäer haben mit Ugriern (insbesondere mit Finno-Ugriern) Jahrtausende lang in Kontakt gestanden. Im Prozess der Indoeuropäisierung des östlichen Europa zogen sich die finno-ugrischen Populationen immer weiter nach Norden und Nordosten zurück. Allerdings leben bis heute noch Finno-Ugrier im Gebiet der uralischen Urheimat, so die Mordwinen in den Flusstälern der Wolga und Kama (Carpelan et al. 2001). Die neuzeitliche sprachliche Überformung ursprünglich von Ugriern besiedelter Gebiete beruht auf dem Assimilationsdruck des Russischen, und dies hängt zusammen mit der Expansion russischer Siedler nach Osten während des späten Mittelalters und der Neuzeit.

Im prähistorischen Baltikum entfalteten sich die Kontakte unter ganz spezifischen Bedingungen. Um 2000 v. Chr. hatte sich der Ackerbau bis ins nördliche Polen und in angrenzende Gebiete (Südlitauen) verbreitet. Dort stießen die Ackerbauern auf finno-ugrische Bevölkerungsgruppen, deren Wirtschaftsform das Wildbeutertum war.

Vom westlichen Baltikum aus dehnte sich die Zone mit agrarischer Wirtschaftsform allmählich nach Nordosten aus – nicht weil die indoeuropäischen Ackerbauern weiterwanderten, sondern weil sich die finno-ugrischen Jäger und Sammler unter dem Einfluss aus dem Süden akkulturierten, sesshaft wurden und selbst anfingen, Getreide anzubauen. Ihre finnisch-ugrische Sprache gaben sie allerdings nicht auf. Der Motor für diesen Wechsel zur agrarischen Lebensweise waren die regen Handelsbeziehungen, die sich zwischen den Ackerbauern des Südens und den Wildbeutern des Nordens entwickelten (Zvelebil 1996). Die Leute aus dem Norden hatten Bernstein, Tierfelle und -fett und andere Waldprodukte (Beeren, Heilkräuter) anzubieten. Von den Leuten aus dem Süden tauschten sie Agrarprodukte (Milch, Käse, Brot, Fleisch aus der Viehhaltung) und Keramik ein.

Moderne anthropologische und ethnographische Forschungen über das Verhältnis zwischen Wildbeutern und Ackerbauern vermitteln die Einsicht, dass Ackerbauer mehr Sozialprestige genießen. Auf eine breite vergleichende Basis können sich solche Feststellungen mit Bezug auf Völker und Kulturen Afrikas stützen (Barham/Mitchell 2008: 402 ff.). Auch im Baltikum ist mit einem Prestigegefälle zu rechnen, als dessen Konsequenz mehr und mehr Frauen der Wildbeuter im Zuge des Brautkaufs in den Süden wechselten, wo die Sesshaftigkeit soziale Stabilität und das Nahrungsangebot eine gesicherte Existenz versprach. Zwischen der eigentlichen Agrarzone und den Jagdrevieren der Leute im Norden entstanden Mischsiedlungen mit Angehörigen aus beiden Zonen (Zvelebil 1996: 338). Die Kinder aus den gemischt-ethnischen Familien mit dem Vater aus dem Süden und der Mutter aus dem Norden wuchsen in einem bikulturellen und zweisprachigen Milieu auf, wo die Sprache des Vaters, die mit höherem Prestige, die der Mutter dominant beeinflusste.

Diese langfristigen Sprachkontakte haben sich in einer tiefgreifenden Einflussnahme des Indoeuropäischen baltischer Prägung auf die lokalen Varianten des Ostseefinnischen manifestiert (Haarmann 2003b: 98 ff.). Hunderte von Lehnwörtern baltischer Herkunft sind bis heute im Finnischen, Estnischen und Karelischen bewahrt. Aus den Bedingungen des ethnisch und sprachlich gemischten Milieus in der Übergangszone erklärt sich auch die Existenz zahlreicher Entlehnungen in den Bereichen des Sozialkontakts und der Intimsphäre.

Die Menschen in der Kontaktzone zwischen Wildbeutertum und Ackerbau erlebten eine Ära kultureller Konvergenz und ihre Sprachen eine Periode der Angleichung ihres grammatischen Baus. Die Angleichungstendenzen setzten um 1800 v. Chr. im westlichen Baltikum ein und überdauerten die Zeitspanne der

Baltische Lehnwörter im Finnischen

- Verwandtschaftsbezeichungen und Sozialkontakte:
finn. *lapsi* ‹Kind›, *tyttö* ‹Mädchen›, *nainen* ‹Frau›, *veli* ‹Bruder›, *sisar* ‹Schwester›, *tytär* ‹Tochter›, *lanko* ‹Bruder der Ehefrau bzw. des Ehemanns›, *nuode* ‹Ehemann der Schwester›, *häät* ‹Hochzeit›, *morsian* ‹Braut›, *sulhanen* ‹Bräutigam›;
finn. *heimo* ‹Stamm; Verwandtschaft (scherzhaft), Dorfgemeinschaft (scherzhaft)›, *talkoo* (häufig in Verbindung mit *työ* ‹Arbeit›, *talkootyö*) ‹freiwillige Arbeit im Dienst des Gemeinwohls›, *talkoot* ‹freiwillige Arbeit beim Ernteeinsatz (ältere Bedeutung)›, *kiittää* ‹danken; ursprüngl. ‹Danksagen (in einer religiösen Zeremonie)›.
- Körperteile und -funktionen:
finn. *kaula* ‹Nacken›, *leuka* ‹Kiefer›, *hammas* ‹Zahn›, *ranne* ‹Handgelenk›, *karva* ‹Körperhaar›, *napa* ‹Bauchnabel›, *reisi* ‹Schenkel›, *koipi* ‹oberer Teil des Beins (von Tieren)›, *perna* ‹Milz›;
finn. *hiki* ‹Schweiß›, *hilse* ‹Schuppe (Stück trockene Haut)›, *virtsa* ‹Urin›.

sprachlichen Ausgliederung des ostseefinnischen Kontinuums von ca. 1500 bis ca. 1000 v. Chr. Die baltisch-ostseefinnischen Sprachkontakte wirkten über einen Zeitraum von mehr als 1000 Jahren. Die konkreten Spuren sind in den auffallenden strukturellen Konvergenzen zu erkennen, die dem baltischen Sprachbund sein Profil gegeben haben: der hohe Grad an Synthetismus, der sich in der Erhaltung der Flexion der Substantive im indoeuropäischen Litauischen und Lettischen und im nicht-indoeuropäischen, finnisch-ugrischen Estnischen manifestiert (Stolz 1991).

Die Ausbildung der Regionalkulturen in Europa

Die Ausgliederung des Indoeuropäischen in Regionalkulturen und Sprachzweige war ein langwieriger, kontinuierlich von Osten nach Westen verlaufender Prozess. Die Regionalkulturen entwickelten sich in der Folgezeit nicht in Isolation, sondern standen in regen Wechselbeziehungen untereinander (Abb. 13). Spätere Verschiebungen brachten slawische Bevölkerungsgruppen nach Ost- und Südosteuropa, Kelten nach Westen und auf die britischen Inseln, Germanen ins nördliche Skandinavien. Auf dem

Balkan bildeten sich der thrakische und illyrische Komplex aus sowie die mazedonische Regionalkultur in enger Assoziation mit der griechischen. In Süditalien entwickelte sich ein Ableger der illyrischen Sprachkultur, die messapische.

Griechisch und Mazedonisch. Die mit der zweiten (3500–3200 v. Chr.) und dritten Kurgan-Migration (ca. 3100–2800 v. Chr.) nach Südosteuropa gelangten Indoeuropäer entwickelten dort erst im Kontakt mit der vor-indoeuropäischen Bevölkerung (von den Griechen «Pelasger» genannt) ihr kulturelles Erbe weiter zum Griechentum. Ältere Vorstellungen, wonach «die Griechen» von Norden her in ihre Heimat eingewandert wären, sind inwischen aufgegeben worden. Die formative (helladische) Periode des Griechentums reicht bis ins ausgehende 3. Jahrtausend v. Chr. zurück.

Aus den Kontakten der helladischen Periode erklärt sich, dass die älteste Schicht des bis in die Moderne tradierten griechischen Wortschatzes aus vor-indoeuropäischen Substratwörtern besteht. Dies sind Bezeichnungen für die Fauna und Flora der Ägäis, Fachtermini in Bereichen wie Pflanzenanbau (u. a. Weinbau), Bauwesen (u. a. Hauskonstruktion), Handwerk (u. a. Weberei) sowie Begriffe aus der religiös-kultischen Sphäre. Viele dieser Ausdrücke sind von den klassischen Bildungssprachen als antikes Erbe in die modernen europäischen Sprachen gelangt: z. B. griech. *aroma* ‹Duftstoff›, *elaia* ‹Olive› (über lat. *oliva* zu dt. *Olive*), *oinos* ‹Wein› (über lat. *vinum* zu dt. *Wein)*, *hyakinthos* ‹Hyazinthe›). Indikatoren für vor-griechische Wortbildungsmuster sind Suffixe mit *-nth-* (z. B. *sminthos* ‹Maus›) oder *-ss-* (z. B. *kuparissos* ‹Zypresse›)

Das Griechische ist die älteste indoeuropäische Schriftsprache überhaupt, die früheste überlieferte Sprachform ist das (ostgriechische) Mykenisch, das mit der Silbenschrift Linear B geschrieben wurde. Die älteste mykenische Inschrift (17. Jh. v. Chr.) stammt aus dem Heiligtum von Olympia. Die Schrifttradition des Griechischen ist über mehr als 3500 Jahre hinweg nicht unterbrochen worden. Insgesamt gab es sieben schriftsprachliche Varianten in drei verschiedenen Schriftsystemen.

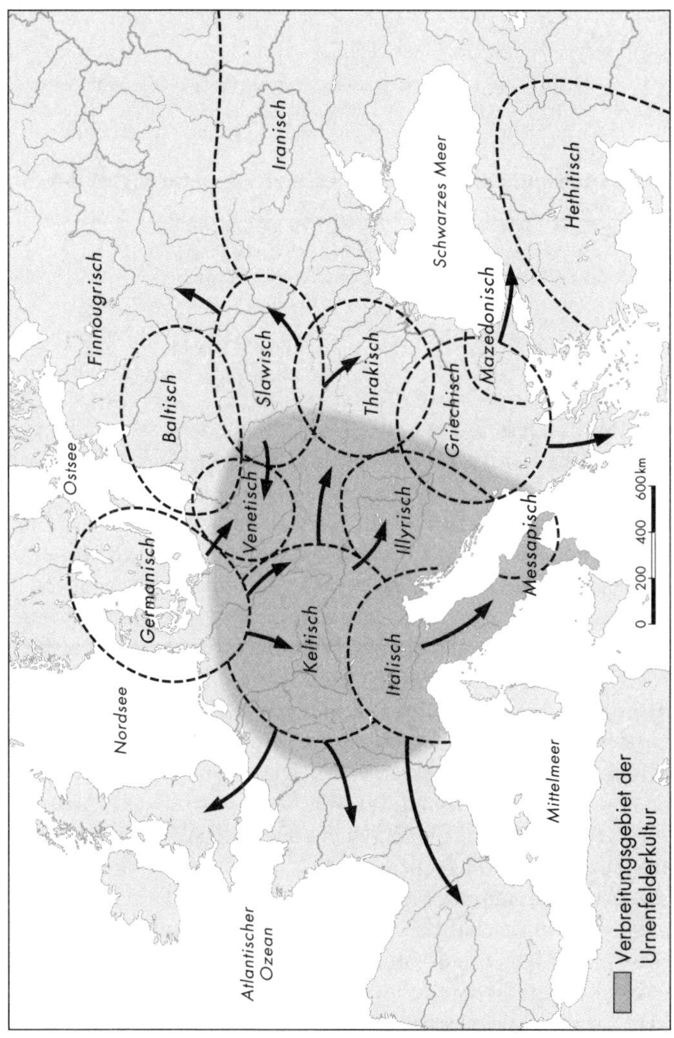

13 Die frühe Ausgliederung von Sprachzweigen des Indoeuropäischen in Europa (nach Herrmann 1986: 13, ergänzt)
Das in der Karte verzeichnete Venetisch ist nicht identisch mit der venetischen Regionalkultur im Nordosten Italiens (s. u. «Slawen» und «Veneter»).

Die Schrifttradition des Griechischen

- 17.–12. Jh. v. Chr.: Mykenisch-Griechisch in Linear B (adaptiert vom altkretischen Schriftsystem Linear A)
- 11.–3. Jh. v. Chr.: Kyprisches Griechisch in kyprisch-syllabischer Schrift
- 8. –4. Jh. v. Chr.: Altgriechisch in regionalen Varianten (in Alphabetschrift)
- 2. Hälfte des 4. Jh. v. Chr. – 4. Jh. n. Chr.: Koiné, die gemeingriechische Schriftsprache der hellenistischen Periode
- 5. Jh. n. Chr. – 1453: Mittelgriechisch / Byzantinisch
- Mitte des 1. Jh. v. Chr. bis Neuzeit: Klassische attische Schriftsprache/Katharevussa
- seit dem 17. Jh.: Griechische Volkssprache (Dimotiki)

Seit Jahrhunderten gibt es den Unterschied zwischen der Hochsprache (Katharevussa) und der Volkssprache (Dimotiki), einer Weiterentwicklung der in hellenistischer Zeit entstandenen Allgemeinsprache Koiné. Die seit Mitte des 1. Jahrhunderts v. Chr. verwendete klassische attische Schriftsprache dagegen war eine künstlich wiederbelebte, nicht mehr gesprochene Variante des Altgriechischen. Seit den 1970er Jahren ist die Katharevussa endgültig und offiziell von der Dimotiki verdrängt worden.

Die phonetischen Besonderheiten, die das Neugriechische vom Altgriechischen unterscheiden, bildeten sich in den ersten Jahrhunderten unserer Zeitrechnung heraus, sind also bereits für das Mittelgriechische charakteristisch. Dieses Sprachstadium löste im 5. Jahrhundert n. Chr. das Altgriechische ab. Die Anfänge eines Schrifttums in neugriechischer Volkssprache sind im 17. Jahrhundert in Kreta zu finden.

Zusammen mit dem Mazedonischen, das dem Altgriechischen verwandtschaftlich am nächsten stand, bildet das Griechische – ähnlich dem Albanischen und Armenischen – einen selbständigen Zweig der indoeuropäischen Sprachfamilie. Das Mazedonische hatte seine größte Verbreitung im 4. Jahrhundert v. Chr. durch die Ausdehnung des Königreichs Mazedonien unter Philipp II. (reg.: 359–336 v. Chr.) und seinem Sohn Alexander dem Großen (reg.: 336–323 v. Chr.). Das mazedonische Sprachgebiet grenzte damals im Norden an das thrakische und im Osten ebenfalls an dieses oder an phrygisches Gebiet, im Süden an das griechische, im Westen an das illyrische. Das Mazedonische ist nur spärlich überliefert. Dies liegt in erster Linie daran, dass am mazedonischen Königshof das attische Griechisch verwendet wurde und das Griechische auch als Schriftsprache für die mazedonische Aristokratie diente. Die Erziehung Alexanders des Großen durch seinen Lehrer Aristoteles erfolgte auf Griechisch. Die wenigen Sprachreste des Mazedonischen lassen allerdings erkennen, dass die Lautstruktur von der des Griechischen abwich (vgl. mazedon. *danos*: griech. *thanatos* ‹Tod›). Es gibt mazedonische Wörter, die keine Parallelen im griechischen Wortschatz haben (z. B. mazedon. *bedu* ‹Luft›); ob auch hier vor-indoeuropäische Substrate wirken, ist unklar. Das Mazedonische ist bereits in der Antike untergegangen. Seine Sprecher haben sich während der hellenistischen Periode ans Griechische assimiliert. Das moderne südslawische Makedonische ist also keine Nachfolgersprache. Wohl aber beziehen sich einige Patrioten im unabhängigen Makedonien heute wieder auf antike Kultursymbole (Sonnensymbol) und sehen sich als Nachkommen Alexanders des Großen.

Italisch. Wann sich der italische Sprachzweig in Gestalt seiner historisch fassbaren Einzelsprachen aus dem Proto-Indoeuropäischen ausgliederte, ist nicht näher bekannt; Vermutungen rangieren vom 3. bis zum ausgehenden 2. Jahrtausend v. Chr. Auch die Binnenchronologie der weiteren Aufspaltung ist ungeklärt.

Die italischen Sprachen gliedern sich in zwei Untergruppen: a) Lateinisch und Faliskisch, b) Oskisch-Umbrisch (= Sabellisch) mit folgenden Einzelsprachen: Oskisch (in Süditalien), Umbrisch (im nördlichen Mittelitalien), dazwischen lagen die Sprachgebiete Äquisch, Marrukinisch, Marsisch, Pälignisch, Prä-Samnitisch, Sabinisch, Nord-Picenisch, Süd-Picenisch, Vestinisch und Volskisch, Elymisch, Sikanisch. Bislang ungeklärt ist, ob auch das Sikulische im Südosten Siziliens eine italische Sprache war.

Das Lateinische und Faliskische standen sich verwandtschaftlich am nächsten, wobei das Faliskische die vergleichsweise archaischsten Eigenheiten des Italischen aufweist. Die Ausgliederung des Lateinischen als regionale Einzelsprache geht auf die ersten Jahrhunderte des 1. Jahrtausends v. Chr. zurück. Bereits um 600 v. Chr. treten in frühen Inschriften wesentliche Züge des Lateinischen hervor.

Die einzigen italischen Sprachen, in denen ein Schrifttum von historischer Bedeutung überliefert ist, sind das Lateinische, Oskische und Umbrische, wobei letztere nur aus wenigen, meist sehr kurzen Inschriften bekannt sind (Marchesini 2009).

Dass es trotz seiner frühen Verschriftung noch Jahrhunderte dauerte, bis das Lateinische regelmäßig als Schriftsprache verwendet wurde, erklärt sich teilweise aus dem Kulturgefälle, das zwischen dem hochkulturierten Etruskischen und dem Lateinischen bestand. Die nicht-indoeuropäischen Etrusker brachten quasi den Römern Lesen und Schreiben und die Zahlzeichen bei. Das Etruskische hat deutliche Spuren im lateinischen Lexikon hinterlassen (Breyer 1993), sowohl in der Fachsprache verschiedener Handwerke als auch im kultischen Bereich. Wie viele solche etruskischen Sprachrelikte in lautlich transformierter Gestalt in den Kulturwortschatz unserer modernen Sprachen gelangt sind, ist uns kaum bewusst. Wer würde bei Wörtern wie Käse, Fenster oder Nummer vermuten, dass sie etruskischer Herkunft sind?

Der Standard der klassischen Schriftsprache bildete sich im Verlauf des 3. Jahrhunderts v. Chr. aus, zu Beginn des 2. Jahrhunderts v. Chr. war der Prozess der Konsolidierung des Schriftlateinischen im Wesentlichen abgeschlossen. Seither verlief die Entwicklung der Schriftsprache unabhängig von der des Sprechlateins, dessen Varianten sich unterschiedlich schnell entwickelten.

Anders als das konservative, durch die Sprachpflege der römischen Literaten zum Kunstprodukt verfeinerte Schriftlatein entwickelte sich das Sprechlateinische in natürlicher Weise unkontrolliert, ohne regulative Eingriffe. An seinen Innovationsschüben insbesondere in den ersten Jahrhunderten unserer Zeitrechnung hatte das Schriftlatein keinen Anteil (Haarmann 2006: 218 ff.).

Etruskische Lehnwörter im Lateinischen (Auswahl)
(nach Ostler 2007: 323 ff.)

- *Direkte Entlehnungen:*
  Aprilis ‹April›, *autumnus* ‹Herbst›, *caelum* ‹Himmel›, caerimonia ‹Zeremonie›, *calumnia* ‹Verleumdung›, *cappa* ‹Kapuze›, *caseus* ‹Käse›, *catena* ‹Kette›, *celer* ‹schnell›, *cella* ‹Schrank, Höhlung für Regale›, *cisterna* ‹Zisterne, Wasserreservoir›, columna ‹Säule›, culina ‹Küche›, *elementum* ‹Buchstabe›, *fenestra* ‹Fenster›, *genista* ‹Ginster›, *lamina* ‹Klinge (von Geräten und Waffen)›, *miles* ‹Soldat›, *mundus* ‹Welt›, *obscenus* ‹unheilversprechend›, *populus* ‹Leute; Volk›, *pulcher* ‹schön›, *sentina* ‹Brückenwache (Schiffahrt)›, *taberna* ‹Laden, Schenke›, *titulus* ‹Aufschrift›, *triumphus* ‹Triumph (ursprüngl. ‹militärischer Sieg›)›, *tuba* ‹Trompete›, *turris* ‹Turm›, *urna* ‹Urne›, *vagina* ‹Scheide›.
- *Über das Etruskische vermittelte griechische Begriffe:*
  ancora ‹Anker›, *caupo* ‹Händler›, *forma* ‹Form›, *guberna* ‹Steuerruder›, *lanterna* ‹Laterne›, *littera* ‹Brief›, *malva* ‹Malve›, *numerus* ‹Nummer›, *nummus* ‹Münze›, *persona* ‹(Schauspieler mit) Maske; Charakterrolle›, *rosa* ‹Rose›, *templum* ‹Tempel›, *tunica* ‹Tunika, langfallendes Gewand›, *ulna* ‹Ellbogen›.

Nur die lateinische Verkehrssprache war sowohl in geschriebener als auch in gesprochener Form noch in allen Regionen des Imperium Romanum verbreitet, in einigen Gebieten allerdings als alleiniges Kommunikationsmedium zwischen Römern und Nichtrömern (Haarmann 1979). Dies gilt etwa für das westliche Britannien, wohin italische Kolonisten nicht gelangten, und wo es auch keine lokale römische Administration gab.

In der Periode von der Spätantike zum Frühmittelalter (5.–8. Jh.) nahm das Sprechlatein Eigenheiten an, die den Übergang zu den Frühformen romanischer Sprachen markieren. Parallel dazu hat sich das Lateinische als gesprochene Sprache überlebt, es existierte nurmehr als Schriftsprache weiter. Als solche diente es jahrhundertelang in den romanischen Ländern und wurde erst sukzessive von den neu entstehenden romanischen Schriftsprachen abgelöst. Seit Ende des Mittelalters wurde Lateinisch nur noch in der gelehrten Welt und der Amtskirche auch in gesprochener Form verwendet. Bis heute hat es einige bildungssprachliche Nischenfunktionen bewahrt.

Mit Ausnahme des Sonderstatus des Lateinischen ist keine der italischen Sprachen mehr in Gebrauch, die vormals im Gebiet des heutigen Italien verbreitet waren.

Kelten. Im 2. Jahrtausend v. Chr. gliederte sich das Keltische aus dem indoeuropäischen Komplex aus, im Kreis der indoeuropäischen Sprachen steht es ohne nähere Verwandtschaft zu anderen Sprachzweigen für sich. Kelten waren über weite Teile Europas bis nach Kleinasien verbreitet. Keltisch wurde im Westen bis an die spanische Atlantikküste (Galicien) und bis hoch auf die Britischen Inseln (Inselkeltisch), im Süden bis nach Oberitalien, im Norden bis nach Norddeutschland, im Osten bis nach Rumänien (Transsylvanien) und bis ins nordwestliche Kleinasien (Galatia) gesprochen.

Zu den festlandkeltischen Sprachen gehören das Keltiberische im Norden Spaniens, das Gallische in Frankreich und das Lepontische in Norditalien, das Balkankeltische, das Galatische in Kleinasien. Etliche der inselkeltischen Sprachen (Kymrisch, Bretonisch, Irisch, Schottisch-Gälisch) sind bis heute erhalten, andere untergegangen (Kumbrisch, Kornisch, Manx-Gälisch, Piktisch). Kornisch und Manx-Gälisch sind in der Moderne durch keltophile Aktivisten wiederbelebt worden und werden von einigen Hundert Briten als Zweitsprache gesprochen. Dagegen sind sämtliche Varianten des Festlandkeltischen seit langem ausgestorben.

Es ist nicht sicher, ob die in den griechischen Quellen der Antike als «Barbaren» des Nordens und Westens genannten *Keltoi* – bei den Römern hießen sie *Celtae* – tatsächlich Kelten waren. Zahlreiche Orts- und Gewässernamen sprechen jedoch für die weite Verbreitung festlandkeltischer Stämme. Darin gehören die Formantien *-dunum* (‹befestigte Siedlung›) wie in Lugdunum (> Lyon), *-acum* wie in Mogontiacum (> Mainz) und *-magus* wie in Regomagus (> Remagen) zu den produktivsten Elementen. Vor der Verbreitung des Lateinischen in den Provinzen des Römischen Reiches war das Festlandkeltische mit seinen regionalen Varianten die am weitesten verbreitete Sprachgruppe Europas. Die größte Ausdehnung hatte das Siedlungsgebiet der Festlandkelten im 3. Jahrhundert v. Chr. Die meisten Festlandkelten ha-

14 Bild der Epona im Damensitz auf einem Pferd; Relief aus Ladenburg, Baden-Württemberg; um 150 n. Chr. (nach Müller 2009: 144)

ben sich in den ersten nachchristlichen Jahrhunderten ans Sprechlatein assimiliert.

Die keltischen Bevölkerungsgruppen haben zu keiner Zeit ein überregionales Bewusstsein ethnischer Gemeinsamkeit entwickelt, d. h. sie haben sich nie als ein Volk verstanden, wie – ungeachtet regionaler kultureller Unterschiede – die Griechen. Trotz der Unterschiede zwischen den keltischen Sprachen auf dem Festland, dem Gallischen, Keltiberischen und Lepontischen, schufen ähnliche mythische Vorstellungen und die religiösen Kulte ein Gefühl der Zusammengehörigkeit auch bei den regionalen Gruppen der Kelten.

Die Kunst der Kelten zeichnet sich sowohl thematisch als auch stilistisch durch starke regionale Variation aus. Im Westen kommt es zur Fusion keltischer und römischer Traditionen, im Südosten Europas wird die keltische Kunst von griechischen Vorbildern inspiriert. Die darstellende Kunst und das Kunsthandwerk bieten eine erstaunliche Vielfalt an Motiven, Formen und Materialien (s. Müller 2009: 270 ff. zu einem Katalog mit mehr als 100 Motiven). Erhalten sind Objekte wie Skulpturen, Kleidungs- und Zaumzeugverzierungen, Reliefs und Gefäße aus Metall (Gold, Silber, Bronze), Stein, Holz u. a.

Wesentlich einheitlicher war das Kultleben der Kelten. Einer dieser Kulte war der der Pferdegöttin Epona, die bei den berittenen Kriegern besonders verehrt wurde. Darstellungen der Göttin – in Form von Statuetten oder als Reliefs – hat man an Pilgerstätten sowie in den Ställen von Garnisonen gefunden. Die Römer kannten keine Pferdegöttin. Es scheint, dass dies im Kontrast mit dem keltischen Götterpantheon als Mangel empfunden wurde, denn der Epona-Kult verbreitete sich auch bei den italischen Siedlern, die sich als Nachbarn der Kelten in Gallien und Germanien niederließen (Abb. 14).

Festlandkeltische Sprachen sind zwischen dem 3. Jahrhundert v. Chr. und dem 4. Jahrhundert n. Chr. in vier Schriftarten inschriftlich überliefert: in griechischer Schrift (Gallisch in Südfrankreich), in lateinischem Alphabet (Gallisch in Frankreich), in einer Variante der etruskischen Schrift (Luganer Alphabet) zur Schreibung des Lepontischen und in einer Variante der iberischen Schrift zur Schreibung des Keltiberischen in Spanien. Eine kontinuierliche Schriftlichkeit setzte bei den Inselkelten erst im 4. Jahrhundert n. Chr. in Irland ein, zunächst in der einheimischen Ogham-Schrift, seit dem 5. Jahrhundert auch in Lateinschrift.

Gliederung der keltischen Sprachen
- Festlandkeltisch (ausgestorben): Gallisch, Keltiberisch, Lepontisch, Galatisch
- Inselkeltisch: Gälisch (Irisch, Manx, Schottisch-Gälisch), Britannisch (Kymrisch, Kornisch, Bretonisch)

Germanen. Seit mindestens der Mitte des 2. Jahrtausends v. Chr. setzte der langandauernde Abspaltungsprozess der germanischen Sprachkultur ein. Er war zunächst auf ein kleines Areal begrenzt, neuere Forschungen zu Orts- und Gewässernamen weisen auf das südliche Niedersachsen und Sachsen-Anhalt. Der allgemeine Eindruck von der Konzentration germanischer (nordischer) Sprachen in Skandinavien bezieht sich auf einen späteren Zeitpunkt, als germanische Populationen ihr Siedlungsgebiet von Süden her ausgeweitet hatten.

Erst aus der Mitte des 1. Jahrtausends v. Chr. gibt es nähere Informationen über die Wohnsitze der Germanen. Damals bereits siedelten sie in einem weiten Areal, das sich über Dänemark, das südliche Norwegen und Süd-Schweden erstreckte und sich an den Küsten von Nord- und Ostsee von Flandern im Westen bis ins Flusstal der Weichsel im Osten ausdehnte. Im Westen drängten die Germanen keltische Stämme ab. Im Ostseeraum standen sie jahrhundertelang mit Ostseefinnen im Kontakt. Diese nicht-indoeuropäischen Populationen wurden nicht einfach verdrängt, sondern es bestanden über den Tauschhandel enge Wechselbeziehungen. Aus langfristigen Siedlungsgemeinschaften gingen ethnisch gemischte Nachkommen hervor, die in der Regel zweisprachig waren. Anders lässt es sich kaum erklären, dass so zahlreiche Lehnwörter herüber und hinüber wechselten. Bis zu 28 % Wörter nicht-indoeuropäischer Herkunft leben im elementaren Wortschatz der germanischen Sprachen weiter. Auch Grammatik und Lautsystem der im Kontakt stehenden Sprachen beeinflussten sich wechselseitig. Es wird angenommen, dass die von anderen indoeuropäischen Sprachen abweichende Anfangsbetonung im Germanischen auf Einwirkung ostseefinnischer Sprachen zurückgeht. Umgekehrt übernahmen die finnisch-ugrischen Sprachen im Ostseeraum (Finnisch, Estnisch u. a.) flektierende Techniken für bestimmte Bereiche ihrer Grammatik (Haarmann 2006: 246 f.).

Das Gemeingermanische war spätestens im 1. Jahrhundert v. Chr. ausgegliedert in drei Hauptgruppen: Ost-, Nord- und Westgermanisch. Zunächst war das Nordgermanische beschränkt auf Norwegen und Schweden, während in Dänemark Sprecher des Westgermanischen siedelten. Mit der Abwanderung von Angeln, Jüten und Sachsen nach Britannien und der Langobarden nach Süden wurde Dänemark weitgehend entvölkert. Erst in der zweiten Hälfte des 1. Jahrtausends unserer Zeitrechnung wurde die Region wieder von Nordgermanen besiedelt. Die Oder war die ungefähre Trennlinie zwischen Westgermanen und Ostgermanen.

Die Goten siedelten auf der Insel Gotland, die ihren Namen nach ihnen erhalten hat, im Gebiet der Weichselmündung, in der

Gliederung der germanischen Sprachen

- Westgermanisch: Deutsch, Englisch, Friesisch, Jiddisch, Letzeburgisch, Niederländisch, Afrikaans
- Nordgermanisch: Dänisch, Norwegisch, Schwedisch, Isländisch, Färingisch
- Ostgermanisch (ausgestorben): Gotisch, Gepidisch, Burgundisch, Vandalisch, Herulisch

südrussischen Steppe, an der Nordküste des Schwarzen Meeres, auf der Halbinsel Krim, in Dakien, Pannonien und angrenzenden Gebieten auf dem Balkan, in Norditalien, im Südwesten Frankreichs und im Norden Spaniens. Und so war das zu den ostgermanischen Sprachen zählende Gotische die am weitesten in Europa verbreitete germanische Sprache. Es ist die einzige germanische Sprache, die in der Spätantike sowohl im Osten (Okuka 2002: 171 ff.) als auch im Westen Europas (Ammon/Haarmann 2008: 385 ff.) dokumentiert ist: zunächst im 4. Jahrhundert n. Chr. auf dem Balkan; nach mehr als hundert Jahren Zäsur dann wieder in der ersten Hälfte des 6. Jahrhunderts n. Chr., und zwar in Norditalien.

Ihre politische und kulturelle Hochphase erlebten die Goten in Westeuropa mit ihren drei Reichen, dem Tolosanischen Reich (418–507) in Frankreich, dem Ostgotenreich in Italien (488–555) und dem Toledanischen Reich (507–711) in Spanien. Die kulturell produktivste Periode für das Gotische war die Zeit, als Norditalien unter ostgotischer Herrschaft stand. In Frankreich ist möglicherweise einiges an Übersetzungsliteratur entstanden. Aus Spanien dagegen ist kein nennenswertes Schrifttum in gotischer Sprache überliefert, da dort eine rasche Assimilation an das Romanische stattfand.

Von all den germanischen Bevölkerungsgruppen, die an der sogenannten Völkerwanderung in der Spätantike und im frühen Mittelalter beteiligt waren, werden die Vandalen am kontroversesten beschrieben. Sie hatten zudem die längste Migrationsroute: Im 2. Jahrhundert n. Chr. zogen sie in zwei Hauptstämmen, den Hasdingen und Silingen (daher der Name der Landschaft Schlesien), aus der Region zwischen Oder und Warthe ab, zunächst nach Süden, bald aber nach Westen, durch Mitteleuropa und durch Gallien bis auf die Pyrenäenhalbinsel. Die im 8. Jahrhundert dort eindringenden Araber benannten die Landschaft Andalusien nach ihnen (Al-Andalus).

Der bekannteste Herrscher der Vandalen war König Geiserich (reg. 428–477), der im Jahre 429 mit rund 80 000 vandalischen und alanischen Gefolgsleuten nach Afrika übersetzte und in langen Kämpfen mit den Römern Teile des heutigen Tunesien und

Algerien eroberte. Hauptstadt des Reiches der Vandalen in Afrika wurde das 439 eroberte Karthago. Die Vandalen machten in der Folgezeit vor allem wegen der Raubzüge von sich reden, die sie mit ihrer Flotte in den Häfen der Anrainerstaaten des westlichen Mittelmeeres unternahmen.

Dass die Vandalen bei den Europäern heute mit «Vandalismus» untrennbar assoziiert werden, hängt mit dem Zorn und dem Abscheu der Vertreter der katholischen Kirche zusammen, die das Schreckensbild der zerstörungswütigen Barbaren ausmalten. Denn angeblich zerstörten sie während ihrer Eroberungszüge in Nordafrika viel Kirchengut; im Jahre 455 landeten sie gar mit ihrer Flotte an der Küste Italiens, eroberten Rom und plünderten die heilige Stadt. Unverzeihlich war auch die Häresie der vandalischen Geistlichkeit, die sich dem Arianismus zuwandte. Ende des 18. Jahrhunderts prägte der französische Bischof Blois Grégoire den Begriff *vandalisme* ‹sinnlose, mutwillige Zerstörung›, der von der Académie Française angenommen wurde und sich als «Kulturwort» in den Sprachen Europas verbreitete.

Slawen. Seit der ersten Hälfte des 2. Jahrtausends v. Chr. entwickelten sich die slawischen Regionalkulturen. Die Ausgliederung der slawischen Sprachen in einen östlichen, südlichen und in einen westlichen Zweig geht auf das 6. und 7. Jahrhundert n. Chr. zurück. Die ältesten historischen Zeugnisse über die Wohngebiete der Slawen stammen aus der ersten Hälfte des 1. Jahrtausends unserer Zeitrechnung. Damals siedelten sie noch relativ geschlossen, mit der historischen Landschaft Wolhynien als Kerngebiet, das den mittleren Teil und den Westen der Ukraine sowie angrenzende Teile Polens umfasste. In jener Gegend sind die ältesten slawischen Gewässernamen erhalten. Für die dort ansässige slawische Bevölkerung ist das Urslawische als gemeinsame Frühform aller slawischen Sprachen rekonstruiert worden und in seiner Aussonderung (Lautwandel, Flexionsmorphologie) aus dem Proto-Indoeuropäischen gut beschrieben. Das Urslawische setzt sich nach Beginn der Migrationen fort in die Sprachform der vorliterarischen Periode, das Gemeinslawische, das jedoch als Begriff umstritten ist (Hock 2009: 27).

Die Benennungen der Slawen in den frühmittelalterlichen Quellen sind nicht einheitlich. Jordanes im 6. Jahrhundert nennt die Sklavenen, Anten und Wenden. Letztere Namensform geht auf die Veneter zurück, eine indoeuropäische Bevölkerungsgruppe, die ursprünglich zwischen Oder und Weichsel siedelte (s. Abb. 13, S. 63) und sich an das Slawentum assimilierte.

Die Regionen, in die die Slawen vordrangen, waren von nichtslawischen Bevölkerungsgruppen bewohnt. Es kam zu vielfältigen Assimilationsprozessen. Die östlichen Slawen standen mehr als eineinhalb Jahrtausende im Kontakt mit finnisch-ugrischen Völkern. In Mitteleuropa, wo Slawen bis in die Gegend von Lüneburg und Magdeburg migrierten, haben diese sich im Zuge der deutschen Ostkolonisation assimiliert. Das frühere Siedlungsgebiet der Slawen ist dort nurmehr an den alten Ortsnamen zu erkennen (Bardowick, Kücknitz u. a.). Ebenfalls assimiliert hat sich die mittelalterliche slawische Bevölkerung in Ungarn, die im Magyarentum aufging. In Südosteuropa waren assimilatorische Prozesse umgekehrt ausgerichtet, d. h. die bodenständige Bevölkerung (Thraker, Illyrer u. a.) nahm die Sprache der eingewanderten Slawen an, die schon bald die Bevölkerungsmehrheit stellten. Auch die Ostexpansion der östlichen Slawen, insbesondere der Russen, setzte Assimilationsprozesse bei den Nicht-Slawen in Gang, bei Finno-Ugriern und türkischen Völkern. Die finnischen Merja und Muromer sind noch während des Mittelalters vollständig im Russentum aufgegangen.

Die slawischen Einzelsprachen haben sich seit dem Mittelalter in einem kontinuierlichen Ausgliederungsprozess herausgebildet, der im Prinzip bis heute anhält. Nach ihrer Entstehungszeit kann man ältere Slawinen (z. B. Bulgarisch, Russisch, Tschechisch) von jüngeren Sprachen (z. B. Kroatisch, Slowenisch, Ukrainisch) und alle diese wiederum von modernen Regionalsprachen wie Westpolessisch (westliche Ukraine), Resianisch (italienische Provinz Udine), Russinisch (Ruthenisch; in Serbien, Kroatien, im Südwesten der Ukraine, im Osten der Slowakei usw.) u. a. unterscheiden. Erst in den 1990er Jahren gliederte sich das Mitte des 19. Jahrhunderts normierte Serbokroatische erneut in die Nationalsprachen Serbisch, Kroatisch, Bosnisch aus.

Gliederung der slawischen Sprachen
- Westslawisch: Polnisch, Tschechisch, Slowakisch, Kaschubisch, Sorbisch
- Ostslawisch: Russisch, Weißrussisch, Ukrainisch, Russinisch, Westpolessisch
- Südslawisch: Serbisch, Kroatisch, Bosnisch, Slowenisch, Bulgarisch, Makedonisch, Resianisch, Molise-Kroatisch u.a.

Die älteste slawische Schriftsprache ist das Altkirchenslawische, das auf dem frühmittelalterlichen Südslawischen basiert, aber auch westslawische Elemente einschließt. Die Verschriftung des Altkirchenslawischen steht im Zusammenhang mit der Slawenmission, die von den aus Saloniki stammenden Slawenlehrern Kyrill und Method im damaligen Großmährischen Reich begonnen wurde. Das Altkirchenslawische ist in zwei Schriftarten, dem Glagolitischen und dem Kyrillischen, überliefert. Von den ältesten Texten (Bibel, Predigten, Heiligenviten) aus dem 9. Jahrhundert ist nichts erhalten, die ältesten Abschriften stammen aus dem 10. Jahrhundert. Das altkirchenslawische Schrifttum erlebte seine eigentliche Blüte in Südosteuropa, in Makedonien und in Bulgarien. Auch in Kroatien und Dalmatien sind zahlreiche Werke in altkirchenslawischer Sprache entstanden. In Makedonien verfiel die alte Schriftkultur im Verlauf des 15., in Bulgarien im Verlauf des 16. Jahrhunderts.

Balten. Seit dem 2. Jahrtausend v. Chr. siedelten baltische Stämme in einem Areal, das weit über das Kernland moderner baltischer Völker hinausreichte. Vom 1. Jahrtausend v. Chr. bis ins Mittelalter bewohnten Balten weite Teile Ostpreußens, des nordwestlichen Russland und des nördlichen Weißrussland. Für ein weites Gebiet, das sich von der Weichsel im Westen bis zum Oberlauf der Wolga und bis ins Gebiet des mittleren Dnjepr erstreckt, sind baltische Orts- und Gewässernamen nachzuweisen. Auch der Name der Wolga ist baltischen Ursprungs. An den Peripherien des alten baltischen Siedlungsgebiets liegen Warschau, Moskau und Kiew.

Im Laufe der Geschichte dehnten bevölkerungsstarke Nachbarn – Slawen im Osten und Süden, Germanen im Westen – ihr Siedlungsgebiet in das ursprünglich baltische Gebiet aus, dessen Fläche auf ungefähr ein Sechstel zusammenschrumpfte.

Die ältesten Kontakte baltischer Völker zu ihren Nachbarn sind die zu den Ostseefinnen, die seit Anfang des 2. Jahrtausends v. Chr. andauern (s. Kap. 3). In den ersten Jahrhunderten unserer Zeitrechnung entfalteten sich die baltisch-germanischen Sprach- und Kulturkontakte. Seit dem Frühmittelalter standen die Balten im Kontakt mit slawischen Gruppen. Diese Kontakte haben sich kontinuierlich bis in die Moderne fortgesetzt.

Für den Beginn des 1. Jahrtausends v. Chr. sind Unterschiede in den Bestattungssitten zwischen westlichen und östlichen Bevölkerungsgruppen festzustellen. Womöglich hat sich auch die Ausgliederung in Westbaltisch (mit dem Altpreußischen als einzigem Vertreter) und Ostbaltisch (Litauisch, Kurisch, Lettisch) damals angebahnt. Die schon von Tacitus (1. Jh. n. Chr.) in dessen «Annalen» erwähnten Aestii waren nicht die finnisch-ugrischen Esten, sondern die Altpreußen. Deren Sprache, das Altpreußische (Pruzzisch), ist gegen Ende des 17. Jahrhunderts ausgestorben. Die Pruzzen hatten sich bis dahin vollständig an das sie umgebende Deutschtum in Ostpreußen assimiliert. Erst ab dem 7. Jahrhundert n. Chr. gliederten sich die Ostbalten in die kurischen, lettischen und litauischen Kultur- und Sprachkontinua aus. Die lettische Sprache verbreitete sich nach 1000 auch bei anderen lokalen Gruppen der Ostbalten, die sich akkulturierten.

Die baltischen Sprachen sind relativ spät, im 16. Jahrhundert, verschriftet worden. Das frühe Schrifttum sind Übersetzungen reformatorischer Werke, Predigttexte und insbesondere der Luthersche Katechismus.

Thraker. Thrakische Stammesgruppen (Asten, Bisalten, Besser, Thynen, Bistonen, Odrysen u. a.) bewohnten während der Antike weite Teile des nördlichen Balkan, von Ostungarn über Serbien und Bulgarien bis nach Transsylvanien im Norden, in Nordgriechenland von den Küsten des Ägäischen Meeres bis an die Dardanellen, dazu auf einigen Inseln in der Ägäis (Thasos,

Samothrake, Lemnos). Kerngebiet der Thraker war das heutige Bulgarien, ihre historische Präsenz ist dort in mehr als tausend Orts-, Flur- und Gewässernamen dokumentiert. Einer dieser Namen ist der des Rhodopen-Gebirges, das erstmals bei Herodot im 5. Jahrhundert v. Chr. erwähnt wird. Er leitet sich von einem thrakischen Ausdruck her, der wörtlich ‹Gebiet des rotbraunen Flusses› bedeutet. An die Thraker erinnert auch der Landschaftsname Thrakien in Bulgarien (Trakija) und Griechenland (Thrakia).

Das Thrakische gehört zum Kreis der alten Balkansprachen, es gliederte sich im Verlauf des 1. vorchristlichen Jahrtausends aus dem indoeuropäischen Komplex aus. Verwandtschaftlich steht es in engeren Beziehungen zum baltischen Sprachzweig, so legt es u. a. der Göttername Perkos bzw. Perkon (Beiname des thrakischen Reitergottes Heros) nahe, der im litauischen ‹Donnergott› Perkunas seine Parallele hat. An regionalen Dialekten können das Dakische im Westen, das Moesische im Süden und das Getische im Osten identifiziert werden.

Thrakisch wurde nur sporadisch als Schriftsprache verwendet. Von den in Bulgarien gefundenen kurzen Inschriften sind nur vier unumstritten thrakisch (in griechischer Schrift). Die längste dieser Inschriften ist auf einem in Ezerovo gefundenen goldenen Ring eingraviert.

Hochkünstlerische Objekte aus Gold – gefertigt nach den Standards der zeitgenössischen griechischen oder persischen Ästhetik, jedoch mit den zentralen Motiven der thrakischen Mythologie – sind die wesentliche materielle Hinterlassenschaft der Thraker, die ältesten Funde datieren ins 13. Jahrhundert v. Chr. Sie wurden in unzähligen Tumulusgräbern gefunden, und immer wieder machen die Archäologen sensationelle Funde von goldenen Totenmasken, Gefäßen, Gerätschaften, Statuen, Schmuck. Auffallend sind reich verzierte Trinkbecher oder Trinkhörner (griech. Rhyton) aus Gold oder Silber (Abb. 15). Diese Becher spielten eine zentrale Rolle im Kult des Dionysos, der bei den Thrakern ebenso wie bei den Griechen beliebt war.

Sozialstruktur, Technologien, Mythologie und Brauchtum der Thraker lassen sich allein über diese Objekte erschließen, da es ja

15 Goldener Trinkbecher (Rhyton) mit Pferdeprotome, Schatzfund von Borovo/ Bulgarien, Ende 5. Jh. v. Chr. (aus: «Gold der Thraker», 1979: 27)

(fast) keine schriftlichen Überlieferungen gibt. Sie waren «vornehmlich Insignia, Symbole sozialer Auszeichnung und Macht» (Marazov 2005: 8). Die Machtstrukturen der thrakischen Herrscher basierten auf dem Dualismus von Himmel und Erde. Der König, der edle Reiterkrieger, war gleichzeitig weltlicher Herrscher und oberster Priester, dem die korrekte Ausführung der Rituale oblag, die erforderlich waren, um das kosmische Gleichgewicht aufrechtzuerhalten. Als Sohn und Gatte der Großen Göttin, mit der er sich rituell in der heiligen Hochzeit vereinte, war der König eine mythisch verklärte Figur.

Die symbolische Funktion der Goldschmiedekunst war die Verherrlichung des Hohepriesters und der kosmischen Ordnung. Diese Ansammlung kostbaren Reichtums v. a. in den thrakischen Herrschergräbern ähnelt in ihrer mythisch-religiösen Motivation an die goldenen Beigaben der Gräber von Varna aus der späten Kupferzeit (Mitte des 5. Jahrtausends v. Chr., s. Kap. 3). Es ist sicher nicht abwegig, hier ein kulturhistorisches Erbe der alteuropäischen Ära zu vermuten, dem die thrakischen Goldschmiede letztlich auch ihr Know-how im Umgang mit diesem Metall verdankten. Über welche Zwischenstadien die alte Goldschmiedekunst tradiert worden ist, darüber kann man derzeit nur spekulieren. Jedenfalls existieren keine antiken Berichte, wonach das Metallhandwerk nach Thrakien importiert worden wäre.

Teile der thrakischen Bevölkerung assimilierten sich schon in den ersten Jahrhunderten unserer Zeitrechnung an griechische Lebensweise und Sprache, andere wurden romanisiert und nahmen das Lateinische als Muttersprache an. In abgelegenen Regionen des Rhodopen-Gebirges hielt sich das Thrakische in einigen Sprachinseln bis ins 6. Jahrhundert. Danach assimilierten sich die letzten Thraker an die Slawen, die seit dem 5. Jahrhundert n. Chr. das thrakische Siedlungsgebiet übervölkert hatten.

Illyrer und Messapier. Die Illyrer (griech. *Illúrioi*, latein. *Illyrii*) siedelten im Nordwesten der Balkanregion. Ihr Verbreitungsgebiet erstreckte sich von der Adriaküste Dalmatiens bis nach Makedonien. Die Siedlungsdichte illyrischer Bevölkerungsgruppen war im Gebiet des heutigen Albanien und Bosnien am größten. Die Volksstämme jener Region werden in den Berichten römischer Autoren (so bei P. Mela, II 56, und bei Plinius dem Älteren in seiner «Naturalis historia» 3.144) *Illyrii proprie dicti* (‹Illyrer im eigentlichen Sinn›) genannt. Die Illyrer waren kein ethnisch homogenes Volk, sondern eine Konföderation verschiedener Stämme. Dazu gehörten Dalmater, Liburner, Taulantier, Breuker, Iapoden u. a. Von den Dardanern wird angenommen, dass sie vielleicht ursprünglich ein Stamm der Thraker waren, deren Kultur von der illyrischen überformt wurde. Seit dem 3. Jahrtausend v. Chr. entwickelten sich Lokalkulturen mit Charakteristika, die man als proto-illyrisch betrachtet. Am Prozess der Ethnogenese der Illyrer waren vor-indoeuropäische Populationen (d. h. Alteuropäer) beteiligt, die eine Fusion mit den ältesten indoeuropäischen Einwanderern (Träger der Tumulus-Kultur von Vučedol sowie der spätbronzezeitlichen Glasinac-Kultur in Bosnien) eingingen. Während der Bronzezeit verbreiteten sich bestimmte Techniken der Keramikherstellung und Bestattungsformen (Erdbestattung) vom Balkan nach Süditalien. Die Ähnlichkeiten zwischen dem Illyrischen und der Sprache der Messapier in Süditalien deuten wahrscheinlich auf eine alte Verwandtschaft der Bevölkerungen auf beiden Seiten der Adria hin.

Verschiedene Lokalkulturen, die sich seit ca. 1000 v. Chr. ausbildeten, zeigen Kontinuität bis in die Eisenzeit (8.–6. Jh. v. Chr.). Die geographische Verteilung dieser Regionalkulturen spiegelt die Differenzierung der illyrischen Stämme wider. In der «Ilias» des Homer (8. Jh. v. Chr.) werden die *Dardani* und *Paeones* als Verbündete der Trojaner genannt. Seit altersher treten die Illyrer als Opponenten und Konkurrenten zunächst der Griechen und später der Mazedonier auf. Seit dem 3. Jahrhundert v. Chr. standen Illyrer und Römer in ständigen Konflikten. Die Illyrer unter ihrer Königin Teutana (‹Königin der **teu-ta*›), ein Name, der mit indoeuropäischen Ausdrücken für ‹Gemeinschaft; Volk(sstamm)› verwandt ist, forderten im Jahre 229 v. Chr. mit ihrer Adriaflotte die Römer zu militärischen Interventionen heraus. Die Eroberung des gesamten, von Illyrern bewohnten Gebiets dauerte bis zum Jahr 155 v. Chr., als endlich auch die *Delmatae* besiegt waren. Deren Siedlungsgebiet wurde später unter dem Namen Dalmatia römische Provinz. Seit dem Jahre 32 v. Chr. wurde der Name Illyricum für die gesamte Region von den rhätischen Alpen bis nach Mazedonien eingeführt.

Das Illyrische ist am nächsten mit dem Messapischen in Süditalien verwandt. Ebenfalls verwandtschaftlich nah steht die Sprache der im Nordosten Italiens verbreiteten Veneter. Bekannt ist das Illyrische aus spärlichen Sprachproben, wozu einige Glossen in den Werken antiker Autoren und Aufschriften (z. B. auf einem Bronzehelm) gehören. Überlieferte Ausdrücke des Illyrischen sind beispielsweise *rhinós* ‹Nebel› (vgl. altalban. *ren* ‹Wolke›) und *sabaia* ‹bierartiges Getränk›. Aus dem Gebiet der römischen Provinz Illyricum sind zahlreiche Orts-, Gelände- und Gewässernamen illyrischer Herkunft bekannt (z. B. *Iader* – heute Zadar, *Ulcinium* – heute Ulqini, *Dreinos* – heute Drina).

Im Zusammenhang mit frühen Migrationen (11. oder 10. Jh. v. Chr.), die von den Küsten Illyriens auf dem Balkan ausgingen, über die Adria führten und in den Süden der Apenninhalbinsel gerichtet waren, begann die Geschichter der Messapier. Dieses Volk ist nicht direkt mit den italischen Völkern Italiens verwandt.

Die Messapier, die bei den Griechen *Messapioi* und bei den Römern *(Iapygi) Messapii* hießen, bewohnten den äußersten

Südosten Italiens, ein Areal, das sich über die heutige italienische Provinz Puglia (Apulien) erstreckt. Zu den Messapiern werden auch die antiken Stämme der Kalabrer und Sallentiner gerechnet. Im 3. Jahrhundert wurde die messapische Kolonie in das Imperium Romanum eingegliedert (Colonia Brundisium = Brindisi); um die Zeitenwende hatten sich die Messapier an das Romanische assimiliert.

Das Messapische ist aus mehr als 300, aber sehr kurzen Inschriften bekannt, die aus der Zeit zwischen dem 6. und 1. Jahrhundert v. Chr. stammen. Die meisten wurden in Gräbern, als Münzlegenden und auf Objekten aus Bronze, Keramik oder Stein gefunden. Die messapische Schrift basiert auf dem griechischen Alphabet, weist aber lokale Eigenheiten auf. Die messapische Sprache ist eng mit der Sprache der Illyrer verwandt. Vor allem im Namenschatz (Orts- und Personennamen, Ethnika) findet man auf beiden Seiten der Adria zahlreiche Entsprechungen. Der Name *Apuli* bezeichnet einen Stamm der Messapier, und als Personenname war Apulus in Illyrien verbreitet. Dalmathus ist ein messapischer Personenname, zu dem es Parallelen im illyrischen Personennamen Dalmata und in den Ortsnamen Dálmatas und Dalmana gibt.

Albaner. Die Kontakte zwischen Römern und illyrischen Stämmen in der westlichen Balkanregion bestimmten die Ethnogenese der Albaner. Mehr als sieben Jahrhunderte lang standen die Illyrer im Kontakt mit römischen Kulturtraditionen und mit dem Lateinischen. Die Illyrer akkulturierten sich allmählich, nahmen römische Lebensweisen an und vollzogen den Sprachwechsel zum Lateinischen. Zur Zeit der Spätantike waren die illyrischen Bewohner im Küstengebiet der Adria zum größten Teil romanisiert. In Nachbarschaft der romanisierten Küstenbewohner ließen sich seit dem frühen Mittelalter Bewohner des Inlandes nieder, die ihre illyrische Muttersprache beibehalten hatten. Aus dieser Siedlungssymbiose ist im Gebiet des nördlichen Albanien das Volkstum der Albaner entstanden.

Die kulturelle und sprachliche Symbiose zwischen den romanisierten Illyrern an der Adriaküste und den illyrischen Bewohnern des bergigen Inlands, die ihre einheimischen Traditionen gegen den Druck der römischen Welt behauptet hatten, scheint bis heute in der albanischen Sprache auf. Die Hinterlassenschaft der romanisierten Illyrer sind mehr als 600 Lehnwörter lateinischer Herkunft im albanischen Wortschatz sowie verschiedene Elemente der albanischen Wortbildung (Suffixe, Präfixe). Von der Sprache der vor-indoeuropäischen Bevölkerung, die an der Ethnogenese des Illyrertums beteiligt war, haben sich einige Substratelemente im Wortschatz des Albanischen erhalten (z. B. alban. *mal* ‹Berg›).

Neuere lexikostatistische Untersuchungen zeigen, dass die Bevölkerungsgruppen, die an der Enstehung der albanischen Sprachkultur beteiligt waren, wohl schon lange vor der Zeitenwende im balkanisch-adriatischen Kontaktareal sesshaft waren (Holm 2009). Eine breite Schicht von Lehnwörtern und wortbildenden Elementen aus dem Lateinischen belegt das römische Kulturerbe.

Das historische Kernland albanischer Siedlung war das Hochland Nordalbaniens. Erst im Laufe des 12. bis 14. Jahrhunderts hat sich die albanische Bevölkerung auch nach Südalbanien und in das Kosovo ausgedehnt. Im Verlauf dieser Migrationen bildeten sich die beiden Hauptgruppen der albanischen Bevölkerung aus, die Gegen im Norden und die Tosken im Süden. Das Albanische in seinen Varianten wird seit dem 15. Jahrhundert als Schriftsprache verwendet.

Veneter. Die Kultur der Veneter (griech. *Evetoi*, latein. *Veneti*) hat sich im 9. Jahrhundert v. Chr. aus dem Kontinuum der über ganz Italien verbreiteten Proto-Villanova-Kultur ausgegliedert. Nach ihnen ist die historische Landschaft Venetien (italien. Veneto) im Nordosten Italiens benannt. Diese Veneter sind nicht identisch mit einer anderen indoeuropäischen Bevölkerungsgruppe, deren Siedlungsgebiet in Mitteleuropa lag (s. Abb. 13, S. 63). Die Veneter siedelten an der Adriaküste bis zur Mündung des Po und weiter im Binnenland. Die wichtigsten Zentren waren Ateste (Este), Patavium (Padua), Tarvisium (Treviso) und Bellunum (Belluno). Die Veneter konnten sich lange Zeit gegen den Expansionsdruck sowohl der Etrusker als auch der in Norditalien ansässigen Gallier behaupten. Aber ab 215 v. Chr. standen sie unter römischer Kontrolle; römisches Bürgerrecht wurde ihnen im 1. Jahrhundert v. Chr. zugesprochen. Zu dieser Zeit hatten sich die Veneter schon weitgehend an römische Lebensweisen assimiliert.

Das Venetische repräsentiert einen eigenen indoeuropäischen Sprachzweig, entfernt verwandt ist das Illyrische. Die mehr als 200 erhaltenen, meist kurzen Inschriften stammen überwiegend aus der Region um Ateste. Sie finden sich auf Stein- oder Bronzetafeln und auch auf Tongefäßen. Das Venetische wurde in einer Variante des etruskischen Alphabets geschrieben. Im Laufe seiner Geschichte entwickelte sich eine Besonderheit: ein Punktiersystem, mit dem Silben und Wörter voneinander getrennt wurden. In der ältesten Inschrift aus der Zeit um 550 v. Chr. (auf einem Kantharos-Gefäß von Lozzo) wird diese graphische Technik jedoch noch nicht verwendet. Die jüngsten venetischen Inschriften stammen aus dem 1. Jahrhundert v. Chr.

5. Migration nach Osten (ab ca. 2500 v. Chr.)

Die indoeuropäischen Viehnomaden dehnten schon früh ihre Weidegebiete in die östliche Steppenlandschaft im Südosten des Uralgebirges aus. Diese Region sollte sich zu einer wichtigen Drehscheibe für die verkehrstechnischen Verbindungen entwickeln, die sich zwischen der europäischen Steppe (südwestlich des Ural) und dem indischen Subkontinent öffneten (s. u. zur indo-iranischen Makrogruppierung). Durch die Steppen- und Wüstenlandschaft Zentralasiens führten Handelswege, die sich in zwei Hauptrichtungen abzweigten, und zwar nach Süden ins iranische Hochland und nach Osten in die fruchtbare Ebene des Industals. Seit dem ausgehenden 3. Jahrtausend v. Chr. bestanden rege Handelskontakte zwischen der nördlichen Steppe (südöstlich des Ural) mit ihren Kupfervorkommen und Mesopotamien. In einem Keilschrifttext aus Ur, der in die Zeit der Regentschaft Rim-Sins von Larsa (reg. 1822–1763 v. Chr.) datiert, wird der Empfang von rund 20 Tonnen Kupfer aus dem Norden verzeichnet.

Die Geschichte Zentralasiens ist in jener Zeit mit dem ältesten sprachlich-kulturellen Komplex des Indoeuropäertums verknüpft, der sich aus dem proto-indoeuropäischen Kontinuum ausgliederte, nämlich dem der Arier. Von ihrer Selbstbezeichnung *Arya* leiten sich die Fremdbenennungen in anderen Sprachen ab (engl. *Aryans*, französ. *Aryens*). Die Vorgeschichte der Indo-Arier beginnt um 2800 v. Chr. in der Steppenregion Südrusslands und im nördlichen Vorland des Kaukasus. Dort hatte sich um jene Zeit ein regionaler Kulturkomplex der Indoeuropäer ausgebildet, der sich archäologisch als Katakombengräberkultur (Catacomb Grave Culture) charakterisieren lässt. Die Träger dieser Kultur, die Proto-Arier, waren Viehnomaden. Die herausragenden Erkennungsmerkmale ihrer Kultur waren die Verwendung von Pferden und von Wagen. Die technische Innovation des Wagens als Transportfahrzeug mit vier Rädern hatte sich im 3. Jahrtausend v. Chr. rasch von ihrem Ursprungsgebiet in der östlichen Ukraine über die südrussische Steppe und nach Zentralasien verbreitet (s. Kap. 3; s. u. zum zweirädrigen Streitwagen).

Die Proto-Arier standen im Kontakt mit den Uraliern in der Waldzone Nordeuropas. Zu den alten proto-arischen Lehnwörtern in den finnisch-ugrischen Sprachen gehören u. a. die Bezeichnung für ‹Hammer(axt)› (vgl. finn. *vasara*) und das Zahlwort für ‹100› (vgl. finn. *sata*, ungar. *száz* versus Sanskrit *śatám;* Lehtinen 2007: 210).

Um die Mitte des 3. Jahrtausends v. Chr. verschlechterte sich das Klima in der zentralasiatischen Steppe, die Niederschläge nahmen ab, dafür wurde es deutlich kälter. Dieser Teil des Steppengürtels war schon seit dem Ende der Eiszeit regenärmer als die südrussische Steppe. Um 2000 v. Chr. erreichte die Austrocknung einen Höhepunkt (Anthony 2007: 389 f.). In jener Zeit drängten die Nomaden nach Süden ins iranische Hochland und nach Osten. Als Folge dieser langfristigen Migrationsbewegungen gliederte sich um 2000 v. Chr. der proto-arische Komplex weiter aus in einen westlichen Komplex – das Iranische – und in einen östlichen Komplex – das Indo-Arische bzw. Indische.

Die Arier: Von Zentralasien nach Iran und Indien

Die nach Osten abwandernden Nomaden gelangten über die Kulturlandschaften der Margiana und Baktriens bis nach Indien, wo sie seit ihrer Immigration im 17. Jahrhundert v. Chr. als Indo-Arier bekannt sind. Diese «Neuinder», die vor allem den Norden Indiens bevölkerten, drängten die vorindoeuropäische Bevölkerung nach Süden und Osten ab. Dies waren die Draviden und die Adivasi, die Ureinwohner. Einige Gruppen von Ariern zogen in den Süden, bis an den Euphrat. Diese Kriegerkaste bildete die herrschende Elite des Reiches von Mitanni, das zwischen 1500 und 1350 v. Chr. im nördlichen Mesopotamien bestand und sich im Euphratbogen ausdehnte. Diese arische Elite führte eine Neuerung in die Kriegsführung des Mittleren Orients ein, den zweirädrigen Streitwagen. Die ältesten Funde von Resten solcher Wagen stammen aus dem Gebiet zwischen dem südlichen Ural und dem Kaspischen Meer und datieren in die Zeit um 2000 v. Chr. In jener Gegend ist mit der frühen Adaption des Wagens für militärische Zwecke zu rechnen. Die von den Mitanni verwendeten Namen (z. B. Artatama, Parrattarna, Shuttarna) zeigen arische Prägung (Kuhrt 1995: 283 ff.). Deren Sprachform wird Mitanni-Indisch genannt.

Es sind viele Hypothesen aufgestellt worden, was die arischen Viehnomaden motiviert haben mag, nach Indien einzuwandern. Dass sie noch ihrer nomadischen Lebensweise verpflichtet waren, als sie nach Indien kamen, geht aus den Berichten späterer Zeit über die Ära der Einwanderung hervor. Auch lassen die historischen Quellen erkennen, dass die Arier kein einheitliches Volk waren, sondern eher disparate nomadische Gruppen, die sich allerdings in sprachlich-kultureller Hinsicht ähnlich waren. Die Erkenntnisse der Archäologie und historischen Sprachwissenschaft verdichten sich inzwischen zu einem Gesamtbild, das erheblich von der heroischen Mythenbildung abweicht, die von der europäischen – insbesondere britischen – Geschichtsforschung des 19. Jahrhunderts gefördert wurde und die bis heute die Denkweisen der Hindu-Nationalisten prägt.

Die Arier kamen nicht als glorreiche Eroberer nach Indien, ihre Einwanderung hatte zunächst auch keine weiträumige Landnahme zur Folge, und sie brachten auch keine Hochkultur dorthin. Seit den Ausgrabungen von Mohenjo-daro, Harappa und anderen Städten weiß man, dass es lange vor der Einwanderung der Arier eine viel ältere Zivilisation auf indischem Boden gegeben hat. Im Tal des Indus und seiner Nebenflüsse hatten sich dörfliche Siedlungen zu Städten entwickelt, die ihre Handelskontakte über ein weit verzweigtes Netz von Wasserwegen abwickelten. Diese alte Kultur mit ihren urbanen Zentren wurde von den Draviden aufgebaut, die im Südosten Pakistans und in Nordwestindien lange vor der arischen Immigration heimisch waren (Parpola 1994). Sie sind also mit den Indoeuropäern nicht verwandt.

Nach dem Niedergang der Induszivilisation zerfiel die einstige Wirtschafts- und Kulturökumene in rivalisierende Kleinstaaten. Berittene Nomadenkrieger aus den Grenzgebieten wurden von den verfeindeten Draviden-Clans als Verbündete ins Land gerufen, um das militärisch-politische Kräfteverhältnis zu ihren Gunsten zu entscheiden. Diese Infiltration arischer Nomadenkrieger setzte um 1700 v. Chr. ein. Wahrscheinlich waren diese Arier Träger der Swat-Kultur, die sich im Verlauf des 3. Jahrtausends v. Chr. in Nordpakistan formiert hatte. In der alten vedischen Literatur finden sich Anspielungen auf die *sapta-sindhava* (‹sieben Flusstäler›), was sich auf die Region der Swat-Kultur beziehen könnte. Im kulturellen Gedächtnis späterer Generationen, die die Ankunft der Arier in Indien als lichtbringende Landnahme glorifizierten, finden wir ein Echo der kämpferischen Natur jener Arier. In der Mythologie der vedischen Ära haben die beiden mächtigen Götter, der feuerspeiende Agni und der Blitze schleudernde Indra, den Ariern den Weg in die neue Heimat geebnet (Keay 2000: 19 ff.).

Die Nomadenkrieger nahmen sich eigenmächtig Weidegründe und beraubten die Einheimischen um ihr Vieh. Schließlich verdrängten sie die lokalen Herrscher und etablierten sich als politische Elite über eine mehrheitliche Bevölkerung mit andersartiger Kultur und Sprache (s. Kap. 3). Erst allmählich folgten andere Gruppen von Viehnomaden nach und migrierten ostwärts in die fruchtbaren Täler und Ebenen des Panjab. Die Stoßrichtung der frühen Einwanderung ist in der archäologischen Hinterlassenschaft an der Verbreitung eines typischen Gefährts zu erkennen, des von Pferden gezogenen Streitwagens. In den Städten der alten Induszivilisation waren Pferde unbekannt. «Als die im Rig-Veda erwähnten Volksstämme nach Nordwestindien vordrangen, fuhren sie (*vah-*) in Streitwagen (*ratha-*) mit zwei Rädern (*cakra-*), einer Achse (*akṣa-*) und einer Deichsel (*iṣa-*), die von Pferden (*aśva-*) gezogen wurden» (Parpola 1994: 158). Da alle diese Begriffe «eine verlässliche indoeuropäische Etymologie» haben, scheint klar, dass die vedische Wagentechnik von den indoeuropäischen Eindringlingen übernommen wurde, die diese technische Innovation des 2. Jahrtausends v. Chr. über Zentralasien in den Nahen Osten und nach Indien gebracht hatten.

In Indien erlebten die Nomaden einen ähnlichen Wandlungsprozess, wie ihn ihre Vorfahren einige tausend Jahre früher in Südosteuropa durchgemacht hatten. Innerhalb weniger Generationen wurden aus Viehnomaden sesshafte Ackerbauern. Entsprechend wandelte sich ihre Kultur und ebenso ihre Sprache. In peripheren Regionen wie Sind (westlich des unteren Indus), Gujarat (südöstlich des Indus) und Maharashtra (östlich davon zwischen den Flüssen Tapti und Godavari) konnten sich späte Restkulturen der Harappa-Ära noch bis um 1500 v. Chr. halten (Parpola 1994: 24 ff.).

Arisch-dravidische Mischkultur. Im Milieu dieser Regionen mit ihrer damals dravidischen Bevölkerung akkulturierten sich die nomadischen Arier zu Indo-Ariern: Ackerbauern mit arisch-dravidischer Mischkultur. Dies hat deutliche Spuren hinterlassen. Im Altindischen etwa wurden Kernbegriffe agrarischer Lebensweisen aus der Sprache der einheimischen Draviden entlehnt, z. B. altind. *langala* ‹Pflug›, *sali-* ‹Reis›, *busa-* ‹Stroh›, *rotika* ‹Brot›.

Im Hindi ist rund ein Drittel des Vokabulars im Bereich des Pflanzenanbaus nicht-indischen (d. h. vor-indoeuropäischen) Ursprungs, geht also auf die Sprachform der alteingesessenen Ackerbauern zurück, mit denen die Arier in engem Sozialkontakt standen und eine langfristige Kultursymbiose erlebten. Anzunehmen sind Stadien von Zweisprachigkeit, in deren Verlauf die einheimische Bevölkerung die Sprache der arischen Eliten annahm, aber lokale Sprechgewohnheiten beibehielt.

Da Phonetik und Intonation einer Sprache die stärksten Residuen sind, haben sich erwartungsgemäß Aussprachegewohnheiten der altdravidischen Bevölkerung in den Lautsystemen der indoeuropäischen Sprachen des indischen Subkontinents erhalten. Eine systemhafte Innovation ist die Kategorie der sogenannten retroflexen Laute, die als komplementäre Serie das System der regulären Dentallaute erweitern: t und ṭ, th und ṭh, d und ḍ, dh und ḍh, n und ṇ. Die Artikulationsstelle der Zunge bei der Aussprache des [t] ist die hintere Seite der oberen Schneidezähne. Das retroflexe [ṭ] wird dagegen gebildet, indem die Zungenspitze nach oben abrollt und den Gaumen berührt (vgl. Ladefoged/Maddieson 1996: 22 f.). Die Entwicklung retroflexer Laute wird als dravidischer Substrateinfluss erklärt, und dadurch unterscheiden sich die indo-arischen Sprachen deutlich von der am nächsten verwandten Sprachgruppe, den iranischen Sprachen, die keine retroflexen Laute kennen.

Auch der Götterpantheon der arischen Nomaden wurde im Rahmen dieser Kultursymbiose umgestaltet. Sowohl Hinduisten als auch Buddhisten verehren die mächtige Kali, die ihren Namen ihrer äußeren Erscheinung verdankt. Kali heißt ‹die Schwarze› nach einem aus dem Altdravidischen entlehnten Adjektiv (altind. *kala-* ‹schwarz›). Dieses Wort ist bis heute die Bezeichnung der schwarzen Farbe. Die Gestalt der schwarzen Göttin ist unschwer mit der Großen Göttin der Harappa-Zivilisation zu identifizieren. Die vorarische Göttin Indiens konnte sich gegen die Machtübernahme der männlichen Gottheiten der Arier behaupten und hat sogar eine Vorrangstellung erlangt. Im Königreich Bhutan ist sie noch heute die Hauptgöttin der gläubigen Buddhisten und Schutzgöttin des Landes (Harding 1993).

Die Arier stellten die politische und soziale Elite, sodass eine Kluft zwischen der herrschenden Schicht und der Mehrheit der einheimischen Bevölkerung entstand. In diesem Prestigegefälle liegt der Keim für nationalistische und ebenso rassistische Verzerrungen des historischen Bilds der Arier (s. Einleitung). Dank ihrer politischen Macht verdrängten die Arier die dravidische Bevölkerung aus dem Nordwesten Indiens in den Süden. Das Verhältnis von Indo-Ariern und Draviden war im Laufe der politischen Geschichte Indiens in manchen Perioden gespannt, in manchen eher kooperativ. Dies gilt auch für Gebiete außerhalb Indiens, wo beide Gruppen in Nachbarschaft zueinander leben. Bis in unsere Tage produzieren die ungelösten Probleme im Kontakt zwischen Tamilen (Draviden) und Singhalesen (Indo-Arier) in Sri Lanka permanenten ethnischen Konfliktstoff.

Dass die Indo-Arier entgegen früheren Vorstellungen nicht die erste Hochkultur in Indien begründet haben, schmälert keineswegs die Errungenschaften indoeuropäischer Populationen in Indien und, über die Ausbreitung des Hinduismus und Buddhismus, in Südostasien. Das sprachliche Medium der indo-arischen Hochkultur mit der längsten Tradition ist das Sanskrit. Später kam Pali als heilige Sprache des Buddhismus hinzu. Die Weisheit indischer Philosophen und Religionsstifter war ebenso hochgeschätzt wie das Know-how indischer Mathematiker, deren Wissen weit über Indien hinaus ausstrahlte, nach Südostasien, China und in die klassisch-arabische Welt. Astronomen und Mathematiker aus Indien kamen im 8. Jahrhundert als Lehrer nach Bagdad und legten dort das Fundament für die arabische Gelehrsamkeit späterer Zeit. Wir Europäer profitierten später davon mit der Einführung der indisch-arabischen Zahlzeichen (Haarmann 2008a: 108 ff.).

Die Urbevölkerung im Kontakt mit den Indo-Ariern. Zu den Populationen, die von den Indo-Ariern allmählich aus ihren angestammten Siedlungsgebieten verdrängt wurden, gehören auch die ethnischen Gruppen der Adivasi, die Nachkommen der dunkelhäutigen Urbevölkerung. Die Vorfahren der Adivasi, die auch kollektiv als Stammesvölker bezeichnet werden, waren von Westen her nach Südasien eingewandert und siedelten über den ganzen indischen Subkontinent verstreut, lange bevor dravidische Völker und später Indo-Arier dorthin gelangten. In ihren äußeren anthropologischen Merkmalen ähneln die Adivasi den Aborigines Australiens oder den Melanesiern. Ihre traditionellen Wirtschaftsformen sind der Feldbau mit Brandrodung und die Jagd. Die Geschichte der Adivasi ist die Geschichte ihrer Aryanisierung. In Indien hat sich der Prozess der Indoeuropäisierung in ähnlicher Weise auf die Urbevölkerung ausgewirkt wie in Europa, wo Ackerbauern im Kontakt mit Wildbeutern standen (wie im Baltikum) oder später russische Siedler in Gebiete mit finnisch-ugrischer Bevölkerung drangen. Die Urbevölkerung hatte die Alternativen, sich entweder in Gebiete zurückzuziehen, wo Ackerbau nicht lohnend war, oder sich zu assimilieren und die Sprachkultur der politisch dominierenden Bevölkerung anzunehmen.

Zu den Adivasi-Stammesvölkern (engl. aboriginal peoples/ tribes) gehören mehr als 30 Ethnien, die größten sind heute die Santali (6 Mio.), die Gond (2,6 Mio.) und die Bhil (1,3 Mio.). Sie leben in zahlreichen isolierten Enklaven in den Wald- und Bergregionen Zentralindiens (Bundesstaaten Rajasthan, Madhya Pradesh) und Ostindiens (Bundesstaaten Orissa, Bihar, Westbengalen). Die bevölkerungsstärksten Populationen der Adivasi findet man in den südlichen Bundesstaaten Maharashtra und Andhra Pradesh.

Die Adivasi sprechen Sprachen verschiedener genealogischer Zugehörigkeit, u.a auch austroasiatische und sinotibetische Sprachen. Diejenigen, die seit Jahrtausenden in engem Kontakt mit dravidischen oder indo-arischen Völkern leben, haben sich sprachlich assimiliert. Die Gond sprechen eine dravidische Sprache, die Sprache der Bhil ist mit den indo-arischen Sprachen verwandt. Die Adivasi haben im Lauf der Zeit, auch während der britischen Kolonialzeit und in den Jahrzehnten seit der Unabhängigkeit Indiens (1947), immer mehr von ihrem angestammten Land an die sie umgebende Mehrheitsbevölkerung verloren, von denen sie in unwirtliche Gebiete verdrängt wurden. In den vergangenen Jahren haben sie sich auch in vielen Regionen immer vehementer gegen die Übervölkerung ihrer Siedlungsgebiete durch Indo-Arier und Draviden gewandt.

Die Indo-Iranische Makrogruppierung

Die indo-arischen und die iranischen Sprachen sind eng miteinander verwandt. Sie stellen jeweils eigene Sprachzweige dar, werden wegen der besonderen Affinitäten aber unter der gemeinsamen Rubrik «Indo-Iranisch» klassifiziert. Dies ist die einzige Makrogruppierung mehrerer Sprachzweige innerhalb der indoeuropäischen Sprachfamilie. Hierzu gehören auch die nuristanischen Sprachen (Kati, Prasun, Waigali, Ashkun) als eigene Untergruppe, denn sie unterscheiden sich nach Phonetik und Wortschatz von den indo-arischen wie von den iranischen Sprachen. Die nuristanischen Sprachen haben sich in geographischer Isolation im Hindukusch (Nordost-Afghanistan) entwickelt (s. Karte im Innenumschlag).

Die näheren Beziehungen der übrigen Sprachzweige zueinander sind entweder umstritten oder mit den bisher zur Verfügung stehenden Methoden nicht eindeutig zu identifizieren (s. Haarmann 2006: 172 ff. zu Postulaten über das Verhältnis des Germanischen zum Italischen, des Baltischen zum Slawischen usw.).

Es ist möglich und sinnvoll, für den indo-arischen und den iranischen Sprachzweig eine eigene, gemeinsame Protoform zu rekonstruieren, die nach Lautung und grammatischem Bau als eine Art Zwischenglied zwischen der indoeuropäischen Grundsprache und den separaten Sprachzweigen Indo-Arisch und Iranisch steht. Die Zusammengehörigkeit der indo-iranischen Gruppierung manifestiert sich in den Namenformen «arisch» und «iranisch» selbst, die beide Reflexe von *arya-* sind. Um die Nähe des Indo-Arischen zum Iranischen zu illustrieren, seien hier Parallelversionen einer Hymne in Avestisch zur Lobpreisung des Gottes Mithras wiedergegeben, dazu die *rekonstruierte Protoform (nach Mallory/Adams 1997: 304):

Diese mächtige Gottheit
Stark, unter den Lebenden die stärkste
Mithras, ich ehre dich mit Trankopfern

Avestisch	*Altindisch*	*Proto-Indo-Iranisch*
təm amavantəm yazatəm	tám ámavantam yajatám	*tám ámavantam yaǰatám
sūrəm dāmōhu səvištəm	śū́ram dhā́masu śáviṣṭham	*ćū́ram dhā́masu ćávištham
miθrəm yazāi zaoθrābyō	mitrám yajāi hótrābhyaḥ	*mitrám yaǰāi ǰhāutrābhyas

Das Proto-Indo-Iranische ist als Spache der Viehnomaden anzusetzen, die nach der Auflösung des proto-indoeuropäischen Komplexes nach Zentralasien abgewandert waren. Der Lautstand des Altindischen ist im Vergleich zum Avestischen konservativer. Dies ist beispielsweise an der Erhaltung der behauchten Laute (*bh, dh*) zu erkennen (Abb. 16).

Die Skythen. Iranische Gruppen haben die Steppenregion Europas am längsten bevölkert. Die ersten iranischen Nomaden, die namentlich bekannt sind, waren die Kimmerier, die um die Mitte des 2. Jahrtausends v. Chr. die Steppe kontrollierten. Ihre Vormacht wurde erst von den Skythen im 8. Jahrhundert v. Chr. gebrochen. Wegen ihrer kulturellen Hinterlassenschaft und ihres politischen Einflusses sind die Skythen wohl die bekanntesten der iranischen Steppennomaden. Sie waren kein einheitliches Volk, sondern ein lockerer Bund von verschiedenen Stammesgruppen. Hierzu gehörten in der Mehrzahl Volksgruppen, die Varianten des Iranischen sprachen, einige wie die Kallippiden, Agathyrsen (‹königliche Skythen›), Neuri und Budini sind namentlich bekannt. Sie standen in engem Kontakt mit nichtindoeuropäischen Populationen wie den Kaukasiern und Ualiern. Die Skythen stellten die aristokratische Elite dieses Stämmeverbandes.

Die Anfänge der skythischen Geschichte gehen auf den Beginn des 1. Jahrtausends v. Chr. zurück, als nomadische Volksstämme – Träger der indoeuropäischen Andronovo-Kultur – in mehreren Migrationsschüben aus Nordwestasien nach Europa einwanderten. Dies ist nicht als «Rückwanderung» iranischer Popula-

PIE		Altind.	Avest.	Proto-Indoeurop.	Altindisch	Avestisch
*p	>	p	p	*ph̥$_a$tḗr ‹Vater›	pitā́ ‹Vater›	pitar- ‹Vater›
*b	>	b	b	*bel- stark	bálam ‹Stärke›	–
*bh	>	bh	b	*bhréh$_a$tēr ‹Bruder›	bhrā́tār- ‹Bruder›	bratār- ‹Bruder›
*t	>	t	t	*tuh$_x$óm ‹du›	tuvám ‹du›	tvəm ‹du›
*d	>	d	d	*doru ‹Holz›	dā́ru ‹Holz›	dāuru ‹Holz›
*dh	>	dh	d	*dhoh$_x$neh$_a$- ‹Getreidekorn›	dhānā́- ‹Getreidekorn›	dāna- ‹Getreidekorn›
*k̂	>	ś	s	*dék̂m̥ ‹zehn›	dáśa ‹zehn›	dasa ‹zehn›
*ĝ	>	j	z	*ĝónu ‹Knie›	jā́nu ‹Knie›	zānu ‹Knie›
*ĝh	>	h	z	*ĝhimós ‹kalt›	himá ‹Kälte›	zəmaka ‹Wintersturm›
*k	>	k ~ c	x ~ č	*kruh$_a$rós ‹blutig›	krūrá ‹blutig›	xrūra ‹blutig›
				*téket ‹er möge laufen›	–	tačat̰ ‹er möge laufen›
*g	>	g ~ j	g ~ z	*h$_a$éuges- ‹Stärke›	ójas- ‹Stärke›	aoǰah ‹Stärke›
				*h$_a$ugrós ‹stark›	ugrá- ‹stark›	ugra- ‹stark›
*gh	>	g ~ h	g ~ z	*dl̥h$_x$ghós ‹lang›	dīrghá-‹lang›	darəga- ‹lang›
				*dleh$_x$ghistos ‹der längste›	–	draǰišta- ‹der längste›
*kʷ	>	k ~ c	k ~ č	*kʷós ‹wer›	káḥ ‹wer›	kō ‹wer›
				*kʷe ‹und›	ca ‹und›	ča ‹und›
*gʷ	>	g ~ j	g ~ ǰ	*gʷou- ‹Kuh›	gav- ‹Kuh›	gau- ‹Kuh›
				*gʷih$_3$uós ‹lebendig›	jīvá- ‹lebendig›	Altpers. ǰīva- ‹lebend›
*gʷh	>	gh ~ h	g ~ ǰ	*gʷhnénti ‹Schlag›	ghnánti ‹Schlag›	–
				*gʷhénti ‹Schläge›	hánti ‹Schläge›	ǰainti ‹Schläge›

16 Die Lautentwicklung vom Proto-Indoeuropäischen zum Indo-Iranischen (Auswahl) (nach Mallory/Adams 1997: 305)

tionen ins Gebiet der indoeuropäischen Urheimat zu verstehen, sondern als eine Bewegung, die schwerpunktmäßig in die südrussische Steppe gerichtet war, andererseits auch in Zentralasien die demographischen Verhältnisse veränderte. Im frühen Mittelalter bestimmten skythische Eliten sogar das politische Leben in Nordwestindien (s. u.). In einem Areal, das im Westen vom Don, im Norden von der Wolga und im Süden vom Kaukasus begrenzt wurde, gewann die skythische Kultur Eigenprofil. Skythische Stammesgruppen, die sog. Altai-Skythen, bewohnten auch den Steppengürtel Südsibiriens and Westasiens. Von ihrem Ursprungsgebiet migrierten die Skythen nach Westen, in die Schwarzmeerregion, wo sie das erste Nomadenreich Europas gründeten.

Das Reich der Skythen wurde regiert von einer Reiterelite, deren politische Autorität von einem königgleichen Herrscher symbolisiert wurde. Die Griechen der Antike glaubten, unter den skythischen Elitekriegern auch die Amazonen entdeckt zu haben, die ihnen zwar aus ihren Mythen vertraut waren, die sie aber in Kleinasien nicht finden konnten. Möglicherweise unterhielten die Skythen Verbände von weiblichen Kriegern; gesichert ist dies allerdings erst unter den Nomaden, die den Skythen um die Mitte des 1. Jahrtausends v. Chr. ihre Macht streitig machten, den Sarmaten. Die Archäologie hat den Nachweis mit Funden von Gräbern weiblicher Krieger erbracht.

Im 5. Jahrhundert v. Chr. dehnte sich das skythische Reich über weite Teile der Ukraine und Südrusslands aus. Die natürlichen Grenzen bildeten die Ister (Donau) im Westen, der Tanais (Don) im Osten, die Schwarzmeerküste und die Halbinsel Krim im Süden. Im Norden reichte das skythische Einflussgebiet bis in die Gegend südlich von Kiew. Zur Zeit Herodots, der Scythia bereiste, lebten Skythen auch schon als Bewohner der Städte an der Schwarzmeerküste. Diese Skythen akkulturierten sich ans Griechentum. Die Kinder, die aus den sehr häufigen Mischehen hervorgingen, wurden *Ellenes Skuthai* (‹skythische Griechen›) genannt. Sie waren bikulturell und zweisprachig und stellten somit ein wichtiges Bindeglied im Kontakt zwischen Skythen und Griechen dar, die rege Handelsbeziehungen unterhielten. Die

17 Skythische Goldarbeiten aus dem 4. Jahrhundert v. Chr.: Steppenadler und Bogen spannender Schütze (Schiltz 1994: 88, 173)

Skythen, die sich akkulturiert hatten und im Inland Ackerbau betrieben, belieferten die griechischen Kolonisten der Küstenregion mit Getreide, das diese weiter ins Mutterland verschifften, außerdem auch mit Pferden, Schafen und Rindern. Im Tausch erhielten die Skythen von den Griechen Edelmetalle, insbesondere Gold, und Luxusgüter der griechischen Welt.

Im 5. Jahrhundert v. Chr. gerieten die Skythen unter den militärischen Druck der Mazedonier im Westen und der ebenfalls iranischsprachigen Sarmaten im Osten. Sie zogen sich im Verlauf des 3. und 2. Jahrhunderts v. Chr. auf die Krim zurück, bis ihr dortiges Reich mit der Hauptstadt Neapolis Skythike durch die Invasion der Goten im 3. Jahrhundert n. Chr. zerstört wurde. Reste der skythischen Bevölkerung zogen sich ins Kaukasusvorland zurück. Sie gingen im Laufe des Mittelalters im iranischen Volk der Osseten auf.

Von der Sprache der Skythen, die schriftlos blieb, sind nur spärliche Zeugnisse überliefert. Dazu gehören etwa 200 Einzelwörter, außerdem Namen von Personen und Gottheiten, die sich in griechischen Quellen finden. Einzelne Lehnwörter skythischer Provenienz finden sich im Russischen und Ukrainischen, z. B. russ. *sapog* ‹Stiefel›, *topor* ‹Axt›.

Die materielle Kultur der Skythen, vor allem die der aristokratischen Elite, ist uns aus den reichen Beigaben der zahlreichen

Grabhügel (Kurgane) bekannt (s. Abb. 17). Ins 5. bis 3. Jahrhundert v. Chr. datieren die Aufsehen erregenden Funde der Kurgane von Pazyryk im Altai-Gebirge. Da diese Grabhügel in der Permafrostzone liegen, sind sämtliche organischen Materialien (Seide und Teppiche, Pelze und Lederapplikationen) bestens konserviert. Außerdem sind Mumien einbalsamierter Leichname erhalten, die Körpertattoos aufweisen. Sowohl diese Bemalungen als auch die Ornamente und Verzierungen auf den Holzsarkophagen zeigen deutlich einen typisch skythischen Tierstil. Die Ornamente auf den Textilien und Grabbeigaben der Pazyryk-Gräber lassen auffallende Ähnlichkeiten mit den figuralen Motiven auf den Textilien der Mumien im westchinesischen Ürümchi erkennen (s. Kap. 6).

Indo-arische Sprachen. Zur Zeit seines Transfers nach Indien unterschied sich das Altindische noch wenig von dem nah verwandten Iranischen. Die früheste Manifestation des Altindischen ist das Vedische, und dies ist eine archaische Form des Sanskrit. Es gehört wie das Hethitische, Mykenisch-Griechische und Avestische zu den ältesten indoeuropäischen Schriftsprachen. Als gesprochene Sprache wurde es mit den arischen Einwanderern im 17. Jahrhundert v. Chr. in den Nordwesten Indiens transferiert und verbreitete sich später in ganz Nordindien. Seit der zweiten Hälfte des 1. Jahrtausends v. Chr. wurde die vedische Schriftsprache vom kodifizierten Sanskrit abgelöst (s. u.). Als Muttersprache kam Sanskrit bereits vor der Zeitenwende außer Gebrauch. Während es als Schriftsprache konserviert wurde, entwickelte sich die gesprochene Sprache weiter zu den Varianten des Prakrit (von altind. *prakrta-* ‹natürlich; ungeschliffen›).

Prakrit ist somit ein Sammelname für lokale Sprachvarianten der mittelindischen Sprachperiode (seit dem 6. Jh. v. Chr.), die sich vor allem aufgrund lautlicher Kriterien voneinander unterscheiden. Der Wandel vom Altindischen zum Mittelindischen zeigt sich vor allem in einer Vereinfachung des Flexionssystems, in der Assimilation von Konsonantengruppen und teilweise im Schwund intervokalischer Konsonanten. Die jüngste der Prakrit-Varianten ist das Apabhramsa, das entwicklungsmäßig zwischen den mittelindischen und den neuindischen Sprachen steht. Aus dem mittelindischen Kontinuum (ca. 600 v. Chr. – ca. 1000 n. Chr.) der Prakrit-Sprachen Nordindiens haben sich die modernen indischen Sprachen herausgebildet.

Inschriften in den verschiedenen Prakrit-Varianten sind aus der Zeit zwischen dem 3. Jahrhundert v. Chr. und dem 4. Jahrhundert n. Chr. überliefert. Ashoka (reg.: 273–232 v. Chr.), Herrscher der Maurya-Dynastie in Indien, wählte die zeitgenössischen Sprachvarianten als offizielle Schriftmedien und lehnte gleichzeitig die damalige Hochsprache, das archaisierende Sanskrit, ab. Die berühmten Edikte des Ashoka sind in zahlreichen lokalen Prakrit-Varianten verfasst. Amtssprachliche Funktion übernahm das Prakrit auch später, im 3. Jahrhundert n. Chr. in Zentralasien (Nija-Prakrit). In gesprochener Form kamen die Prakrit-Sprachen um die Jahrtausendwende außer Gebrauch. In der Spätzeit der schriftlichen Verwendung von Prakrit-Varianten verloren diese an Prestige.

Die verbreitetste Form des Prakrit ist das Pali – ursprünglich keine Bezeichnung für eine Sprache, sondern für ein Textgenre, und zwar *Pali-bhasa* ‹kanonischer buddhistischer Text›. Die Sprachform, in der die Texte des Theravada-Buddhismus verfasst sind, wird verallgemeinernd Pali genannt. Hauptverbreitungsgebiete dieser Kultursprache waren schon vor der Zeitenwende Sri Lanka (das historische Ceylon), dann Myanmar (das historische Burma), ab 1000 n. Chr. auch Thailand (das historische Siam), Kampuchea (Kambodscha) und Laos. In gesprochener Form wurde Pali seit etwa 500 v. Chr. verwendet. Damals bildete sich die buddhistische Tradition heraus, die jahrhundertelang – wie die ältere hinduistische in Sanskrit – mündlich überliefert wurde. Seit dem 1. Jahrhundert v. Chr. wurde Pali auch als Schriftmedium verwendet. Als sakrale Sprache des Buddhismus lebt Pali bis heute weiter, als gesprochene Sprache zur Rezitation buddhistischer Texte wird es allerdings nur noch selten gebraucht.

Seit dem 10. Jahrhundert gliederten sich die zahlreichen neuindischen Sprachen aus, von denen es insgesamt 219 gibt. Dies sind rund die Hälfte aller lebenden indoeuropäischen Sprachen. Die sprecherreichste ist Hindi, das von rund 450 Mio. Menschen gesprochen wird. Davon sind fast 200 Mio. Primärsprachler und mehr als 250 Mio. Zweitsprachler.

Die Nachkommen der Arier, die aus der Steppe gekommen waren, haben weite Teile des indischen Subkontinents bevölkert. Eine Gruppe hat sich allerdings im Mittelalter aufgemacht und ist remigriert, d.h. in Richtung Westen gezogen. Ihre Sprache, das Romani, gehört zum Kreis der neuindischen Sprachen. Sie bilden einen Teil jener zahlreichen Gruppen, die wir in Europa unter dem Namen «Zigeuner» zusammenfassen. Dieser Name geht auf griech. *Athingganoi* bzw. *Tsigganoi* zurück, womit eine religiöse Sekte in Phrygien benannt wurde, aber auch die Zigeuner, wohl wegen ähnlicher Kulthandlungen. Seit dem 11. Jahrhundert werden migrierende Gruppen, die aus Nordwestindien kamen, im Mittleren Orient erwähnt. Ab dem 12. Jahrhundert sind Zigeuner auf dem Territorium des Byzantinischen Reichs in Kleinasien bezeugt, und im 13. Jahrhundert gelangten sie nach Südosteuropa.

Gruppierungen der indischen Sprachen:
- Zentral: Gujarati, Hindi, östl. Panjabi, Romani u. a.
- Östlich: Bengalisch, Bihari, Maithili, Oriya u. a.
- Nördlich: Nepali, Dogri-Kangri u. a.
- Nordwestlich: Kashmiri, Lahnda, Sindhi u. a.
- Singhalesisch-maledivisch: Singhalesisch, Maledivisch, Veddah
- Südlich: Konkani, Marathi u. a.

Altindisch: Vedisch und Sanskrit. Die ältesten indischen Texte, die mündlich tradiert wurden, sind die rituellen Hymnen, die «Veda» (Sanskr. *veda* heißt ‹Wissen›), als deren Verfasser die *rishi* ‹die Weisen› der mythisch verklärten Zeit der arischen Landnahme gelten. Dies sind die Saptarishi (‹die sieben großen Rishi›), die der Überlieferung zufolge mit göttlicher Eingebung die Hymnen komponiert haben. Die vedischen Hymnen wurden als *sruti* ‹Hörtexte› von den nicht-vedischen *smrti* ‹memorierte(n) Texte(n)› unterschieden. Lehrer gaben sie ursprünglich mündlich an ihre Schüler weiter.

Das in den Gesängen verankerte kulturelle Wissen ist später (seit dem 8. Jh. v. Chr.) in umfangreichen Sammlungen geordnet worden. Nach der Chronologie ihrer Entstehung gibt es drei alte «Veda» (Rig-Veda oder Rgveda, Yajur-Veda, Sâma-Veda), später kam noch ein vierter (Atharva-Veda) hinzu. Die älteste Sammlung umfasst 1017 Hymnen mit insgesamt 10 402 Stanzen. In einigen Kompilationen sind auch 1028 Hymnen aufgeführt. Die alten Veda haben Generationen von Literaten zu neuen Werken inspiriert, und die Gesamtheit des an der Hymnendichtung orientierten Schrifttums wird als «vedische Literatur» bezeichnet (Frédéric 1987: 1122 ff.).

Spätestens um 500 v. Chr. wich die heilige Sprache der Veda erheblich von der Alltagssprache ab. Als sie immer weniger verständlich wurde, ergab sich die Notwendigkeit, die heilige Sprache zu kodifizieren. Zur allgemeinen und sakralen Schriftsprache wurde nun das Sanskrit. Die ältesten erhaltenen Inschriften in Sanskrit stammen allerdings erst aus dem 2. Jahrhundert v. Chr. Zwischen dem Ende des 4. und dem Ausgang des 5. Jahrhunderts n. Chr. erlebte das klassische Schrifttum seine Blütezeit. Die Literatur in Klassischem Sanskrit umfasst lyrische Dichtung, literarische Prosawerke und eine verzweigte Sachprosa mit Werken zur Philosophie und Rhetorik, zu Medizin, Astronomie und Mathematik sowie zu juristischen Fragen. Eine besondere Rolle für die kulturelle Identität der Hindu besitzen die beiden Nationalepen, das «Mahabharata» (‹die große Erzählung von den Bharata›) und das «Ramayana» (‹Erzählung von Rama›).

Die Verbreitung des Sanskrit als Sprache der sozialen und politischen Elite geht auf die lange Periode der Fremdherrschaft in Indien zurück, als unter anderem skythische Herrscher den Norden Indiens regierten (bis ins 10. Jh.). Damals war Sanskrit auch Amts- und Kanzleisprache. Als heilige Sprache des Hinduismus und als Bildungssprache ist das Sanskrit bis in unsere Zeit vital geblieben. Seine aktuelle Rolle in der hinduistischen Gemeinschaft kann mit der des Lateinischen in Westeuropa vor etwa 150 Jahren verglichen werden.

Ähnlich wie das Lateinische in historischer Zeit hat auch das

Sanskrit einen bleibenden Einfluss auf die Sprachen des nördlichen Indien ausgeübt. Der größte Teil des Kulturwortschatzes in den neuindischen Sprachen (z. B. Hindi, Bengalisch) ist vom Sanskrit geprägt, Ähnliches gilt für die Syntax und die Phraseologie. Die Ausstrahlung des Sanskrit macht sich ebenfalls in den dravidischen Sprachen (z. B. Tamilisch, Telugu) Südindiens bemerkbar.

Da auch für die Buddhisten Sanskrit eine historische Bildungssprache ist, finden sich Sanskrit-Elemente im Wortschatz vieler Sprachen außerhalb Indiens, wo sich der Buddhismus verbreitet hat, z. B. im Birmanischen, Khmer, Tibetischen, Chinesischen und über chinesische Vermittlung auch im Koreanischen und Japanischen.

Iranische Sprachen. Das Iranische gliederte sich um die Mitte des 2. Jahrtausends v. Chr. aus dem proto-arischen Komplex aus. Die Differenzierung in eine ost- und westiranische Gruppe erfolgte zu Beginn des 1. Jahrtausends v. Chr. Das Ostiranische ist schriftlich früh bezeugt, und zwar durch Texte in Avestisch, der heiligen Sprache des Zoroastrismus (s. u.). Sie sind in einer Sprachform abgefasst, die entwicklungsmäßig auf das 6. – 4. Jh. v. Chr. zurückgeht, auch wenn die Texte erst zwischen dem 3. und 7. Jh. n. Chr. aufgezeichnet wurden. Die Inhalte der sakralen Überlieferungen sind noch viel älter, sie sind mündlich bereits seit der Zeit zwischen 1000 und 800 v. Chr. tradiert worden.

Noch während der Antike gingen zahlreiche Sprachen unter, die eine nordöstliche Untergruppe des ostiranischen Sprachzweigs bildeten, u. a. Skythisch, Sarmatisch und Kimmerisch. Sie waren in der Steppenregion Eurasiens (östliche Ukraine, südliches Russland, nördliches Kasachstan) verbreitet.

Der bekannteste Vertreter des Westiranischen ist das Persische, das dem Medischen verwandtschaftlich am nächsten steht und das im Verlauf der Sprachgeschichte seinen ursprünglich flexivischen grammatischen Bau graduell umgestaltet hat. Die für indoeuropäische Sprachen charakteristische synthetische Nominal- und Verbalflexion ist im Persischen aufgegeben worden. Es gibt keine Genusunterscheidung und auch keinen Artikel, nur das Suffix *-e* markiert in der Umgangssprache die Bestimmtheit eines Objekts im Singular. Dieser Entwicklungstrend von synthetischer zu analytischer Ausdrucksweise bahnt sich in der mitteliranischen Periode (4. Jh. v. Chr. – 9. Jh. n. Chr.) an und zeichnet sich bereits in älteren, später ausgestorbenen iranischen Sprachen wie Parthisch, Sogdisch, Saka und Baktrisch ab.

Gliederung der iranischen Sprachen:
- Westlich: Farsi, Dari, Kurdisch, Beludschisch u.a.
- Östlich: Avestisch, Skythisch, Sarmatisch und Kimmerisch (alle ausgestorben), Ossetisch, Pamir-Sprachen, Jaghnobisch, Pashto u.a.

Die Perser. Die Ethnogenese des iranischen Volks der Perser reicht in die erste Hälfte des 1. Jahrtausends v. Chr. zurück. Die Perser setzten im 7. Jahrhundert v. Chr. die Herrscher des älteren Reichs der ebenfalls iranischen Meder ab und übernahmen deren Machtbereich. Das damals unter Teispes gegründete Persische Reich war das mächtigste der von Iraniern begründeten Staatswesen. Seine größte Ausdehnung hatte es unter Dareios I. zu Beginn des 5. Jahrhunderts v. Chr., als es im Westen über die ionische Küste Kleinasiens hinaus bis nach Mazedonien, im Osten bis zum Industal, im Norden bis nach Mittelasien und im Süden bis nach Ägypten reichte. Jahrzehntelang, zwischen 492 und 448 v. Chr., waren Perser und Griechen in wiederholt aufflammende Kriege mit Land- und Seeschlachten verstrickt. Erst 448 v. Chr. konnte die Unabhängigkeit der ionischen Griechenstädte an der kleinasiatischen Küste politisch abgesichert werden. Im 7. Jahrhundert n. Chr., im Zuge der islamisch-arabischen Expansion, löste sich das Persische Reich auf.

Das kulturelle wie weltanschauliche Bindeglied der Bevölkerung dieses riesigen Reiches war eine der originellsten religiösen Traditionen, die das iranische Kulturmilieu hervorgebracht hat, der Zoroastrismus, so benannt nach seinem legendären Begründer Zarathustra (griech. Namenform Zoroaster). Nach traditioneller Auffassung lebte Zarathustra von 630 bis 553 v. Chr., nach neuerer Forschung möglicherweise aber schon vor dem 10. vorchristlichen Jahrhundert. Seine Lehre war unter den Sassaniden (224–651 n. Chr.) Staatsreligion des Persischen Reiches. Mit der Eroberung Persiens durch die Araber wurde das Land im Wesentlichen islamisch. Islamische Traditionen und Lebensweisen sind bei den Iranern tief verwurzelt und haben ihr kulturelles Gedächtnis seit langem geprägt. Beim Blick in die Geschichte hebt sich die Glorie des Persischen Großreichs ab. Die kulturell-sprachlichen Gemeinsamkeiten der Prähistorie mit den Ariern Indiens bleiben gleichsam verschüttet, und mit den weltanschaulichen Gegensätzen von Islam und Hinduismus bauen sich unüberbrückbare Barrieren auf.

Das Persische gehört zum Kreis der alten Schriftsprachen der Welt; die ältesten persischen Texte, die Königsinschriften von Dareius I. in Bisotun, stammen aus dem 6. Jahrhundert v. Chr. Altpersisch war die Kanzlei- und Bildungssprache während der Zeit der achämenidischen Herrscher (559–331 v. Chr.). Es wurde in einer Variante der Keilschrift geschrieben. Unter den Sassaniden im Mittleren Osten dominierte das Mittelpersische, für das das sog. Pehlevi (Pahlavi) verwendet wurde, eine vom aramäischen Zeichensystem abgeleitete Schrift. Das moderne Persisch geht auf eine Entwicklung des 7. bis 9. Jahrhunderts zurück, als sich eine persische Koiné (Gemeinsprache) ausbildete. Die beiden Hauptvarianten sind Dari und Farsi. Seit dem 12. Jahrhundert schreibt man in einem modifizierten arabischen Alphabet.

6. Indoeuropäische Außenlieger (ab ca. 2000 v. Chr.)

Die Auflösung des sprachlich-kulturellen Komplexes des Proto-Indoeuropäischen führte zu einer geographischen Zersplitterung und gleichzeitig zur Ausdehnung des ehemaligen Siedlungsgebietes. Die Westbewegung von Steppennomaden – zunächst von kleineren Elitegruppen, später auch von ganzen Sippen und Clans – hatte die Fusion indoeuropäischer Sprache und Kultur mit den Einflüssen Alteuropas zur Folge (s. Kap. 4). Die Ostbewegung brachte indoeuropäische Populationen nach Zentralasien, und von dort bis ins iranische Hochland und nach Indien (s. Kap. 5).

Einige Gruppen aber folgten eigenen Routen, die von den Hauptrichtungen abwichen. Auf diese Weise gelangten Indoeuropäer nach Anatolien und weit nach Asien hinein, bis in die Region des Altai-Gebirges und ins Flusstal des Jenisej. Dort entwickelte sich auf der Basis der proto-indoeuropäischen Steppenkultur die regionale Afanasevo-Kultur (ca. 3500–2000 v. Chr.). Deren Nachfolger war die Andronovo-Kultur, die sich vom Kaspischen Meer über den größten Teil Zentralasiens ausdehnte.

Westchina

Das Mysterium der Mumien von Ürümchi. Aus bisher ungeklärten Gründen ist eine Gruppe von Steppennomaden, die mit der Afanasevo-Kultur affiliiert war, in den Süden gezogen, bis an den Rand der Taklimakan-Wüste (geographisch auch als Tarim-Becken bekannt), einem Ausläufer der Wüste Gobi. Diese Gruppe lebte fortan getrennt von der europäischen Steppenkultur wie in einer Exklave und verlor den Kontakt zu anderen Indoeuropäern.

Trotz ihrer isolierten geographischen Lage weiß man weit mehr über diesen Außenlieger als über viele andere lokale Gruppen der Steppennomaden. Die Taklimakan-Wüste gehört administrativ zur Autonomen Region Xinjiang im Westen Chinas. Das ist das Stammland der Uighuren, eines Turkvolks mit islamischer Tradition, das im Verlauf des 1. Jahrtausends unserer Zeitrechnung in jene Region migrierte. In den 1970er Jahren fanden chinesische Archäologen bei Ürümchi (Urumqi) zahlreiche Mumien in Erdgräbern, die in der extremen Trockenheit sehr gut konserviert geblieben waren. Wohlerhalten waren nicht nur die Textilien, in die man die Leichname gehüllt hatte, sondern auch die Körper und die Gesichtszüge. Zur großen Überraschung der Ausgräber zeigten die Mumien keine chinesischen oder asiatischen Merkmale, sondern wiesen eindeutig auf euro-

18 Die «Schöne von Loulan» (Mumie und rekonstruierte Gesichtszüge) (nach Mallory/Mair 2000: 182)

pide Herkunft hin. Es sind inzwischen mehr als hundert Mumien ausgegraben worden, von denen die ältesten aus der Zeit um 2000 v. Chr. stammen, falls sie nicht noch älter sind. Diese sensationellen Funde sind als die Mumien von Ürümchi bekannt geworden (Mallory/Mair 2000), benannt nach der Hauptstadt der Region Xinjiang.

Einige dieser Mumien sind so eindrucksvoll individualistisch, dass sie von den Forschern mit Namen bedacht wurden. Da ist der Cherchen-Mann, dessen Gesichtsbemalung mit abstrakten Motiven erhalten geblieben ist; er hatte mittelbraunes Haar, einen kurzen Kinnbart und einen Schnurrbart. Sein Unterkiefer war mit einem gewebten Band festgebunden. Der Kopf einer weiblichen Mumie, der «Schönen von Kroran (bzw. Loulan)», ruht auf ihrem kunstvoll geflochtenen, schulterlangen Haar, und auf ihrem Gesicht zeichnet sich noch im Tod ein Lächeln ab (Abb. 18).

Erst 2003 ist das bislang vollständigste Grab geöffnet worden, in dem man außer der Mumie reichhaltige Beigaben fand. Einige Forscher identifizieren den Leichnam als den einer Frau, vermutlich einer Schamanin. Die besondere Kleidung und die Utensilien, die auf Parallelen zu den schamanistischen Traditionen Eurasiens weisen, sprechen dafür. In der Mythologie einiger

Völker Zentralasiens und Sibiriens ist davon die Rede, dass die ersten Schamanen Frauen waren, und Schamaninnen erfüllen bis in unsere Tage kommunale Aufgaben bei den Kleinvölkern in Sibirien (Haarmann/Marler 2008: 67 f.).

Einige bronzene Artefakte im Grab der Schamanin sind von ganz besonderem Interesse, denn sie beweisen, dass die Bronzetechnik den Ürümchi-Leuten vertraut war. Bronzefunde im Tarim-Becken aus dem frühen 2. Jahrtausend v. Chr. sind auch deshalb wichtig, weil hier möglicherweise ein Verbindungsglied zur Verbreitung der Bronze-Technologie nach China zu suchen ist. Denn die Herstellung von Bronze aus Kupfer und Zinn ist in den Kulturzentren der Shang-Dynastie erst seit ca. 1200 v. Chr. bekannt, und Berichte über die Seidenstraße stammen erst aus dem 1. Jahrtausend v. Chr. Es ist nun aber sehr wahrscheinlich, dass es Handelskontakte zwischen China und Zentralasien bereits lange vorher gegeben hat (Kuzmina 2008).

Da chinesische Populationen erst seit etwa 1000 v. Chr. in der Region bezeugt sind, ist anzunehmen, dass die Menschen, die ihre Toten mit aufwendigen Mumifizierungsritualen bestatteten, vor dieser Zeit in der Taklimakan-Wüste gelebt hatten. Die materielle Hinterlassenschaft weist auf Beziehungen zur Afanasevo-Kultur, deren Träger ihrerseits Nachkommen von Steppennomaden aus der südrussischen Steppe waren (s. o.).

Über mehrere Zwischenstationen lässt sich die Herkunft der Leute von Ürümchi aus dem Westen erklären. Wegen der speziellen Webtechnik und Musterung der Textilien nahmen einige Forscher an, dass wir es hier mit einer Außengruppe von Kelten zu tun haben. Eine recht abenteuerliche Vorstellung, denn der keltische Kulturkomplex bildete sich erst deutlich später aus. Zudem zeigt die Gesamtheit der Artefakte aus den Mumiengräbern von Ürümchi verschiedene Merkmale indoeuropäischer Kulturen, mit typologischen Anklängen an die sich damals ausbildende germanische Kultur wie auch an den älteren proto-arischen Komplex.

Die Vermutungen von der europäischen Herkunft der Ürümchi-Leute sind durch neueste DNA-Untersuchungen bestätigt worden. Danach weist das genomische Profil eindeutig auf das östliche Europa als Ursprungsland. Es lassen sich zusätzlich Nachwirkungen von Sozialkontakten identifizieren, wobei die Kontaktpersonen vermutlich aus Indien sowie aus dem chinesischen Kernland stammten, was auf Kontakte verschiedener Populationen hindeutet. Zeitliche und räumliche Variationen in der Kulturentwicklung lassen erkennen, dass es offensichtlich mehrere Migrationen aus dem Westen gegeben hat. Die Annahmen vom Tarim-Becken mit seinen alten Karawanenrouten als Wiege prähistorischer Ost-West-Kontakte im 2. Jahrtausend v. Chr. verdichten sich damit.

Die Sprache der Ürümchi-Leute ist natürlich nicht bekannt, da es keinerlei Schriftdokumente aus jener Zeit gibt. Was man aber über ihre materialle Kultur weiß, macht es möglich, sie mit den Tocharern zu assoziieren, die einige Jahrhunderte später im Tarim-Becken bezeugt sind. Deren Sprache kennt man aus Texten, und sie ist unzweifelhaft indoeuropäisch.

Die Tocharer im Tarim-Becken. Einige der indoeuropäischen Sprachen wurden erst spät entdeckt, und zwar aufgrund von Inschriftenfunden zu Beginn des 20. Jahrhunderts. Dazu gehören das Hethitische und das Tocharische. 1908 konnte man anhand von Texten an Fundstätten in Nordwestchina (Dunhuang, Tarim-Becken) feststellen, dass das Tocharische zum Kreis der indoeuropäischen Sprachen gehört.

Seine Sprecher, die indoeuropäischen Tocharer, sind nicht identisch mit der gleichnamigen Ethnie, die von den Chinesen Yuezhi genannt wurde und ursprünglich in der chinesischen Provinz Gansu siedelte. Das kulturelle und sprachliche Profil der Tocharer bildete sich im ausgehenden 1. Jahrtausend v. Chr. aus, und zwar auf der Basis der Afanasevo-Kultur. In den Freskenmalereien der Höhlenklöster von Kucha (Qizil und Qumtura) gibt es Darstellungen der Tocharer. Es waren hochgewachsene Menschen mit blonden oder rötlichen Haaren.

Ihre Sprache kennen wir aus buddhistischen Schriftdokumenten (Papiermanuskripte, hölzerne Tafeln, Graffiti auf Höhlenwänden), die in den Klosterruinen entlang der nördlichen Route der Seidenstraße gefunden wurden. Sie sind zwischen dem 6. und

8. Jahrhundert n. Chr. entstanden. Darin treten zwei Hauptvarianten hervor: das sog. Tocharisch A, das sämtliche Endsilben aufgegeben hat, und das konservativere B. Eine dritte Variante (Tocharisch C) ist nur aus Lehnwörtern im mittelindischen Prakrit bekannt.

Aus diesen drei Varianten lässt sich ein Proto-Tocharisch erschließen, das offensichtlich einen eigenen Sprachzweig der indoeuropäischen Sprachfamilie darstellt. Es ist bemerkenswert, dass die engsten verwandtschaftlichen Beziehungen nicht zum Indo-Iranischen, sondern zu westlichen indoeuropäischen Sprachen bestehen (Mallory/Adams 1997: 590 ff.). Zahlreiche lexikalische Parallelen verbinden das Tocharische mit dem Germanischen (vgl. tochar. A *want* ‹Wind›: dt. *Wind*, tochar. A *ek* ‹Auge›: schwed. *öga* ‹dass.›).

Es bleiben zwei Optionen, um die Beziehungen der Tocharer zur Ürümchi-Kultur zu erklären. Entweder kamen die Tocharer im Zuge einer unabhängigen Fernwanderung aus der südrussischen Steppe ins Tarim-Becken – dann sind sie entfernte Verwandte der Ürümchi-Leute – oder sie sind deren direkte Nachkommen. Was immer die zukünftige Forschung zu den näheren Verwandtschaftsbeziehungen der beiden Gruppen ermitteln mag, eines wird bleiben: die Sensation einer prähistorischen Präsenz von Europäern im Westen Chinas.

Anatolien

Aus dem Gebiet im Nordwesten des Schwarzen Meeres, wohin die Indoeuropäer im 5. Jahrtausend v. Chr. mit der 1. Welle der Kurgan-Migrationen gelangten, sind indoeuropäische Populationen in einer sekundären Migrationsbewegung über den Bosporus nach Kleinasien eingewandert. Dort sind seit dem 2. Jahrtausend v. Chr. eine Reihe indoeuropäischer Sprachen bezeugt, die als anatolischer (bzw. altanatolischer) Sprachzweig zusammengefasst werden. Alle diese Sprachen sind untergegangen. Zwei Gruppen mit jeweils näher zueinander stehenden Sprachen werden unterschieden (Mallory/Adams 1997: 12 ff.):

Gruppe 1:

- Hethitisch: Texte in mesopotamischer Keilschrift (16.–13. Jh. v. Chr.)
- Palaisch: Substratwörter in hethitischen Texten überliefert
- das jüngere Lydisch: mehr als 100 Inschriften in einer Variante des ostgriechischen Alphabets (5. und 4. Jh. v. Chr.)

Gruppe 2:

- Luwisch: Texte in Keilschrift (16.–12. Jh. v. Chr.) und in der anatolischen Hieroglyphenschrift, «Bildluwisch» (16. Jh.–ca. 700 v. Chr.)
- Lykisch, ein Ableger des Luwischen: rund 180 Steininschriften und ca. 200 Münzlegenden (5. und 4. Jh. v. Chr.)
- Karisch: Texte in mehr als 200 Inschriften (8.–3. Jh. v. Chr.), geschrieben in einer lokalen Schriftart mit Zeichenparallelen in der griechischen und kyprisch-syllabischen Schrift

Außerdem:

- Phrygisch: ein eigener altanatolischer Sprachzweig (Altphrygisch vom 8.–4. Jh. v. Chr. in phrygischer Schrift; Spätphrygisch vom 1.–4. Jh. n. Chr. in griechischer Schrift)

Die Identifizierung des Hethitischen als indoeuropäische Sprache gelang zweifelsfrei erst 1915, nachdem Sprachforscher das im Jahre 1905 bei Bogazköy (Türkei) entdeckte Tontafelarchiv der Hauptstadt des hethitischen Reichs, Hattusa, auswerten konnten.

Auch wenn Luwisch und Hethitisch am engsten miteinander verwandt sind, gehören sie aufgrund ihrer Lautgeschichte zu verschiedenen Gruppierungen. Das Hethitische ist eine Centum-Sprache (wie auch das Lateinische oder die germanischen Sprachen), es hat also die palatalen Verschlusslaute des Indoeuropäischen erhalten (vgl. hethit. *kardi-* ‹Herz› : lat. *cor* : griech. *kardia* : got. *haírto*, alle ebenfalls ‹Herz›). Das Luwische dagegen gehört zu den Satem-Sprachen, die die palatalen Verschlusslaute des Indoeuropäischen nicht erhalten haben (vgl. luw. *zart-* ‹Herz›: avest. *zered-* : russ. *serdce* : lett. *sirds*, alle ebenfalls ‹Herz›).

Die hethitische Mosaikkultur. Die Hethiter werden um 1950 v. Chr. erstmals in assyrischen Texten erwähnt. Nach ihrer Einwanderung in Anatolien (Kernland war Kappadokien) trafen sie auf eine bodenständige vorindoeuropäische Bevölkerung, die Hatti, die die nach ihnen benannte Landschaft Chatti bevölkerten (Watkins 2001). Die Hatti assimilierten sich später an die Hethiter, und mit ihnen wurden Letztere irrtümlich auch identifiziert. Ihre Selbstbezeichnung war allerdings *Nesa*; der Name «Hethiter» wurde vom Landesnamen Chatti abgeleitet und ist uns über die hebräische Namenform *Chittim* vermittelt worden.

Im 2. Jahrtausend v. Chr. stellten die Hethiter die Mehrheitsbevölkerung in Zentralanatolien. Ihr Reich dehnte sich aber weit über die Siedlungsgebiete anderer Völker aus. Das Hethiterreich war einer der entscheidenden Machtfaktoren im Vorderen Orient. Über Vasallenverträge mit lokalen König- und Fürstentümern bauten die Hethiter ein Bündnissystem auf. Ihr Einfluss reichte bis nach Syrien, wo sie in der legendären Schlacht von Kadesch (1275 v. Chr.) die Vormachtstellung der Ägypter brachen. Danach schlossen die beiden Kontrahenten einen Vertrag über die Abgrenzung ihrer Interessensphären; die Tontafel mit dem Keilschrifttext hängt heute in der Eingangshalle des Gebäudes der Vereinten Nationen in New York als Dokument des ersten Friedensvertrags der Geschichte. In Ostanatolien waren die Hethiter die politischen Rivalen der Hurriter. Nach der Vernichtung des Reichs von Mitanni wurden sie an der Grenze zu Mesopotamien zu Rivalen des mächtigen Babylon. Geschwächt durch Missernten und Mangelwirtschaft um 1200 v. Chr. konnte das Hethiterreich dem Ansturm der angriffslustigen Seevölker nicht standhalten und zerfiel.

Die hethitische Gesellschaft war eine mehrsprachige und multikulturelle Mosaikkultur. Außer dem Hethitischen (von den Hethitern *nesili* bzw. *nasili* genannt), das rund 400 Jahre lang in Keilschrift geschrieben wurde, waren das Babylonische und Sumerische (beide als Bildungssprachen), das Luwische, gelegentlich das Palaische sowie das Hattische (letzteres als Ritualsprache) in Gebrauch. Ab ca. 1400 v. Chr. trat das Hurritische als Ritualsprache hinzu. Die Multikulturalität spiegelt sich in den religiösen Traditionen. So sind viele Rituale der Hethiter von den Hatti übernommen, ebenso wie die Hauptgötter, der Wettergott Taru und seine Gemahlin, die Sonnengöttin Wurusemu. Später wurde dieses Götterpaar durch die hurritischen Gottheiten Teschschub und Chepat ersetzt. Babylonischen Ursprungs war die Göttin Ischtar und ihr Kult. In den hethitischen Mythen finden sich viele in der ganzen altanatolischen Kultur verbreitete Motive, etwa der Schlangendrachen oder der Mond, der vom Himmel fiel.

Nach dem Zerfall ihres Reiches ging die hethitische Restbevölkerung im Volkstum der Nachfolgekulturen auf. Die Hethiter haben aber einige sprachliche Spuren hinterlassen. Der Name der modernen Stadt Konya beispielsweise geht auf eine griechische Namenform Ikonion zurück, die ihrerseits auf einem alten hethitischen Namen (Ikkuniya) basiert.

In der Sprachgeschichte des Hethitischen werden folgende schriftsprachliche Perioden unterschieden: Althethitisch (1570–1450 v. Chr.), Mittelhethitisch (1450–1380 v. Chr.), Neuhethitisch (1380–1220 v. Chr.). Bis heute sind rund 25 000 Texte und Textfragmente in hethitischer Sprache bekannt, der größte Teil entstand im 14. und 13. Jahrhundert v. Chr.

Indoeuropäische Erbwörter (z. B. hethit. *wa-a-tar* ‹Wasser›, *si-i-us* ‹Gott›, *at-ta-as* ‹Vater›) gehören zur ältesten Schicht des Hethitischen. Über die Verwendung von Logogrammen der sumerischen Keilschrift sind auch sumerische Elemente in hethitische Texte eingegangen, häufig als Synonyme. So steht das Sumerogramm *sal* ‹Frau› als Pendant zu hethit. *kwinna-*, die sumerische Lesung *babbar* ‹weiß› für hethit. *harki-*. Über das Sumerische gingen auch akkadische Elemente ins hethitische Lexikon ein, beispielsweise *qabû* ‹sagen›, *mannu* ‹wer (Fragepronomen)› und *sumu* ‹Name›. Während der Spätzeit des hethitischen Reichs wirkte das Hurritische vor allem auf die religiöse und technische Terminologie des Hethitischen ein.

Keilschrift und Hieroglyphen der Luwier. Die Luwier sind zusammen mit den Hethitern Anfang des 2. Jahrtausends v. Chr. in Kleinasien eingewandert und besiedelten die historischen Landschaften Lykien und den Nordosten Kilikiens. Als die Hethiter nach 1400 v. Chr. ihren Machtbereich ausdehnten, gerieten die Luwier unter hethitische Vorherrschaft. Sie hatten entscheidenden Anteil an der Vermittlung hurritischer Kulturtraditionen im Hethiterreich.

Die luwische Schriftspache war regional differenziert, wie die zahlreichen erhaltenen luwischen Texte aufzeigen. Die Sprachform der in Hieroglyphen geschriebenen Texte (Hieroglyphen-Luwisch; früher auch Bild-Luwisch genannt) weicht von der Sprache der luwischen Keilschrifttexte ab. Manche Forscher sehen darin die Differenzierung in zwei Sprachen, andere eine dialektale Unterscheidung.

Das Luwische wurde mehr als acht Jahrhunderte lang geschrieben, vom 16. Jahrhundert bis ca. 700 v. Chr. Dazu wurden zwei verschiedene Schriftarten verwendet: eine Variante der sumerischen Keilschrift sowie eine einheimische anatolische Hieroglyphenschrift. Luwische Keilschrifttexte aus der Zeit zwischen 1600 und 1200 v. Chr. wurden in den Archiven der hethitischen Hauptstadt Hattusa gefunden. Texte in Hieroglyphen-Luwisch (in der Hauptsache Steininschriften und Königssiegel) stammen aus der Zeit zwischen 1300 und 700 v. Chr. Man hielt sie im Anfangsstadium der Entzifferung für Hethitisch und bezeichnete diese Schriftart als «hethitische» Hieroglyphen. Es ist aber geklärt, dass die Sprache dieser Texte das Luwische ist.

Der Zeichenschatz der Hieroglyphenschrift setzte sich zusammen aus Wortzeichen (Logogrammen), aus Zeichen mit silbischem Wert und aus Determinativen (mit Hinweis auf die Bedeutungsgruppe eines Wortes im Text). Aus dem gesamten Zeitraum des hieroglyphen-luwischen Schrifttums sind mehr als 450 Einzelzeichen überliefert; zur Schreibung eines Textes reichten 150 bis 200 Zeichen aus.

Wichtige Fundstätten des Hieroglyphen-Luwischen liegen im südlichen Anatolien und im nördlichen Syrien sowie auch im westlichen Kleinasien (Karabel, Akpinar). Großes Aufsehen erregte ein 1995 in Troja entdecktes luwisch beschriftetes Bronzesiegel, das erste Schriftdenkmal an dieser Ausgrabungsstätte. Es stammt aus der Zeit um 1130 v. Chr. Im 13. Jahrhundert v. Chr.

war Troja (hethitisch: Wilusa) ein Vasallenstaat des Hethiterreichs. Das Siegel stammt aber aus einer Zeit, als dieses Reich nicht mehr existierte. Die Steininschriften in Hieroglyphen-Luwisch sind bereits Anfang des 19. Jahrhunderts in den Bergheiligtümern entdeckt worden, konnten aber erst aufgrund der zweisprachig phönizisch-luwischen Inschriften von Karatepe in Südanatolien (spätes 8. Jh. v. Chr.) entziffert werden.

Das inschriftlich aus der Zeit um 400 v. Chr. bekannte Lykische ist ein später Ableger des Luwischen.

Die Phryger. Antiken Quellen zufolge sind die Phryger, aus Mazedonien oder Thrakien kommend, nach Kleinasien eingewandert. Diese Migration lässt sich etwa dem 12. Jahrhundert v. Chr. zuordnen, verlief also unabhänigig von und deutlich später als die der Hethiter und der Luwier. Die Phryger sind namengebend für die historische Landschaft Phrygien im nördlichen Inneranatolien. Diese grenzte im Westen an Lydien, im Süden an Kilikien und erstreckte sich im Osten bis über den Fluss Halys. Homer erwähnt in seiner «Ilias» (2.862 ff.) die Phryger als Nachbarn und Verbündete der Trojaner. Im 9. Jahrhundert und vor allem im 8. Jahrhundert v. Chr., unter Midas II., entstand ein ausgedehntes altphrygisches Reich, das aber 696/95 von den Kimmeriern zerstört wurde. Seit Ende des 7. Jahrhunderts stand Phrygien unter lydischer und seit Mitte des 6. Jahrhunderts v. Chr. unter persischer Kontrolle. Im 3. Jahrhundert v. Chr. schließlich besetzten Kelten den östlichen Teil Phrygiens (Galatien), der westliche Teil wurde von Pergamon annektiert.

Die Kulturtraditionen der Phryger sind stark geprägt von denen ihrer Nachbarn sowie ihrer Vorgänger in Kleinasien. Auf das altanatolische Erbe weist der Kult der Großen Göttin Kybele (von den Hethitern Kubaba genannt), deren Haupttheiligtum in Pessinous (ca. 130 km südwestlich von Ankara) stand. Symbol der Göttin war dort ein heiliger Stein, ein schwarzer Meteorit. Dieser Stein hat eine abenteuerliche Geschichte, denn er wurde im Jahre 204 v. Chr. als Ergebnis diplomatischer Verhandlungen zwischen Pergamon und Rom von den Römern nach Italien gebracht. In der mythisch verklärten Geschichtsbetrachtung wendete die Magna Mater (‹Große Mutter›) die Bedrohung Roms durch die Karthager ab und wurde seither als Schutzgöttin der römischen Metropole verehrt. In vielen Statuen trägt Kybele eine Mauerkrone.

Aus dem Westen, insbesondere aus den Städten an der ionischen Küste, gelangte griechischer Einfluss nach Phrygien, und spätestens ab dem 6. Jahrhundert v. Chr. dominierte dort die griechische Schriftlichkeit das Kulturschaffen. Das im 8. Jahrhundert v. Chr. geschaffene phrygische Alphabet ist eine Variante der (west)griechischen Schrift, mit einigen Zusatzzeichen. Aus der Zeit des 8. bis 4. Jahrhunderts v. Chr. sind mehr als 250 altphrygische Inschriften bekannt. Nach einer bis heute nicht erklärten Unterbrechung von mehreren Jahrhunderten setzte das phrygische Schrifttum erneut ein, und zwar in der griechischen Schrift der klassischen Zeit. Insgesamt 110 neu- bzw. spätphrygische Inschriften sind aus dem 1.–4. Jahrhundert n. Chr. erhalten. Im 5. Jahrhundert ist das Phrygische zwar noch als gesprochene Sprache bezeugt, spätestens aber im 7. Jahrhundert n. Chr. ist es ausgestorben.

Südkaukasus: Die Armenier

Ob es ethnische und sprachliche Verbindungen der Armenier zu den altanatolischen Kulturen gab, ist umstritten. Einigkeit besteht allerdings darüber, dass die Armenier irgendwann in prähistorischer Zeit in ihre neue Heimat eingewandert sind. Sie gehören also nicht zur autochthonen Bevölkerung des Kaukasus. Einer Herkunftshypothese zufolge (I. Diakonoff) wären die Proto-Armenier (in Quellen des 12. Jh v. Chr. *Muski* genannt) aus der Balkanregion nach Kleinasien migriert und von dort durch Anatolien in den südlichen Kaukasus. Danach waren die Muski eines der sogenannten «Seevölker», die am Zusammenbruch des Hethiterreichs beteiligt waren. Solche Annahmen – auch dass das Phrygische und Armenische sich nahe stünden – sind aber bislang unbewiesen geblieben.

Die Ethnogenese des armenischen Volkstums und die Entwicklung seiner Sprache sind stark durch die Einflüsse alter kaukasischer Kulturen (Substrate) sowie die zeitgenössischer Nachbarn (Adstrate und Superstrate) geprägt worden. Nicht mehr als 500 Erbwörter des Proto-Indoeuropäischen sind im Armenischen erhalten. Der übrige Wortschatz setzt sich aus Lehnwörtern hurritischer, urartäischer, luwischer, aramäischer, parthischer, griechischer, lateinischer und später iranischer Herkunft zusammen. Auch das Lautsystem und die Grammatik des Armenischen sind von Fremdeinflüssen berührt worden.

Hethitische Quellen bezeugen für das 2. Jahrtausend v. Chr. ein Volk im Südkaukasus, das ein Reich mit dem Namen Hayasa schuf. Dieser Name ähnelt deutlich dem altarmenischen Eigennamen der Armenier, *Hay*. Seit etwa 600 v. Chr. werden die Armenier in westlichen Quellen erwähnt, als *Armenioi* im Griechischen und später als *Armenii* bei römischen Autoren. Die Zeit der Reichsbildung während der Antike ist bis heute ein wichtiges Element des Nationalstolzes der Armenier.

Die Frühphase der armenischen Reichsbildung stand im Licht politischer Abhängigkeiten von starken Nachbarn, wie den Persern, den Griechen (Großreich Alexanders des Großen, des Seleukidenreichs), den Römern. Seit 90 v. Chr. dehnten die Herrscher Armeniens ihren Machtbereich immer weiter aus. Seine größte Machtfülle erreichte das Großarmenische Reich unter Tigranes II., der weite Gebiete im Nordosten der Türkei (bis zum Van-See) eroberte. Seit 69. v. Chr. war Armenien in Kriege mit den Römern verstrickt und war von da an wechselweise Vasallenstaat Roms oder des Partherreichs. Seit dem 4. Jahrhundert n. Chr. dominierte der politische Einfluss Persiens. Nach einer kurzen Periode der Unabhängigkeit im 5. Jahrhundert wurde Armenien im 6. Jahrhundert vom Byzantinischen Reich annektiert. Um die Mitte des 7. Jahrhunderts wurde Armenien im Zuge der islamischen Expansion politisch von arabischen Machthabern abhängig, bewahrte aber seine christliche Kultur, die um 300 n. Chr. mit der Christianisierung des Landes aufgeblüht war.

Die rund 1000-jährige Geschichte der armenischen Diaspora begann im 11. Jahrhundert, als nach dem Zerfall des Königreichs der Bagratiden viele Armenier nach Kilikien auswanderten und dort das Königreich Kilikien errichteten (1080–1375). Aus jener Region migrierten Armenier auf die Krim, nach Russland, Polen, Rumänien und nach Moldawien. Eine Massendeportation durch den persischen Shah Abbas den Großen brachte im Jahre 1604 zahllose Armenier in die Region von Isfahan. Von dort gelangten deren Nachkommen bis nach Indien, Singapur, Java und Australien. Ende des 19. Jahrhunderts lösten russische Pogrome gegen Armenier eine Migrationswelle Richtung Westeuropa aus. Die Genozidverbrechen der Türken an den Armeniern im Jahre 1915 schließlich trieben viele Armenier in die Länder des Nahen und Mittleren Ostens, wo sie lokale Enklaven bildeten.

Der Zusammenhalt der Armenier auch in der Diaspora gründet auf dem Bewusstsein einstmaliger und neugewonnener Eigenstaatlichkeit, auf armenischen Kulturtraditionen und vor allem auf der armenischen Sprache (von den Armeniern selbst *Hayeren* genannt). Ähnlich wie das Griechische und Albanische repräsentiert das Armenische einen eigenen Sprachzweig des Indoeuropäischen; es gehört zu den Satem-Sprachen. Als Schriftsprache wird das Armenische seit dem 5. Jahrhundert n. Chr. verwendet, und zwar in einem Originalalphabet mit 36 Buchstabenzeichen, das im Jahre 406 von dem Kleriker Mesrop geschaffen wurde. Im 11. und 12. Jahrhundert wurden zwei weitere Zeichen zur Schreibung fremder Laute ergänzt. Nach einer volkstümlichen Überlieferung haben die Armenier ihre kulturelle Unabhängigkeit mit «38 Soldaten» erfolgreich durch alle Zeiten verteidigt, eben mit ihrem Alphabet.

Das armenische Schrifttum umfasst ein großes Korpus christlicher Literatur, ebenso zahlreiche philosophische Schriften (darunter auch frühe Übersetzungen griechischer Autoren wie Aristoteles) und wissenschaftliche Werke.

7. Indoeuropäische Sprachen heute

Praktisch jeder der fast sieben Milliarden Menschen auf der Welt hat heute auf die eine oder andere Weise mit einer indoeuropäischen Sprache zu tun, sei es als Muttersprache, als Zweitsprache, als Sprache der Schulausbildung, als Amts- oder Staatssprache, als Handelssprache, als Wissenschaftssprache, als Modernitätsindikator. Keine andere Sprachfamilie hat so viele Weltsprachen, also Sprachen mit globaler Verbreitung hervorgebracht wie die indoeuropäische.

Beim Stichwort Weltsprachen denkt man spontan an das Englische, dessen Ausbreitung in Regionen außerhalb Europas mit dem langfristigen Aufbau des britischen Kolonialreichs seit dem 17. Jahrhundert begann. Weltsprachen existierten aber schon lange vor der Ära der anglophonen Welt. Während der hellenistischen Periode (seit dem ausgehenden 4. Jahrhundert v. Chr.) hatte das Griechische als Kultursprache internationale Geltung, nicht nur in Europa (von Hispanien bis in den Kaukasus), sondern auch in Asien (Kleinasien, Naher Osten, Zentralasien) und in Nordafrika (bis nach Nubien). Sein stärkster Rivale, das Lateinische, war seit der Zeitenwende die wichtigste Kontaktsprache im gesamten Mittelmeerraum. Im Mittelalter stand das Lateinische in Konkurrenz zum Arabischen, das selbst in Europa (auf der Pyrenäenhalbinsel) jahrhundertelang weltsprachliche Funktionen wahrnahm. Schwerpunkte der internationalen Kommunikation mit Arabisch waren Nordafrika sowie der Vordere und Mittlere Orient.

Die meisten der modernen Weltsprachen – ausgenommen das Chinesische, Japanische und Arabische – gehören zum Kreis der indoeuropäischen Sprachen: Englisch, Spanisch, Portugiesisch, Französisch, Russisch und Deutsch. Dass heute die Mehrheit der Sprecher indoeuropäischer Sprachen außerhalb Europas lebt, ist allerdings eher eine Folge des Kolonialismus und hat weniger mit den Zuwachsraten jener Sprachen zu tun, die mit den prähistorischen Migrationen der Indoeuropäer in Asien heimisch wurden. Die modernen indoeuropäischen Weltsprachen sind sämtlich in Europa entstanden und haben sich von dort aus verbreitet.

Indoeuropäische Weltsprachen: Sprecherzahlen in Europa und außerhalb Europas

Sprache	Sprecherzahl	Sprecher in Europa (Anteil in %)	Sprecher außerhalb Europas (Anteil in %)
Englisch	573 Mio.	61,3 Mio. (10,7 %)	511,7 Mio. (89,3 %)
Spanisch	352 Mio.	39,4 Mio. (11,2 %)	312,6 Mio. (88,8 %)
Russisch	242 Mio	172,8 Mio. (71,4 %)	69,2 Mio. (28,6 %)
Portugiesisch	182 Mio.	9,8 Mio (5,4 %)	172,2 Mio. (94,6 %)
Französisch	131 Mio.	62,4 Mio. (47,6 %)	68,6 Mio. (52,4 %)
Deutsch	101 Mio.	96,9 Mio. (96,0 %)	4,1 Mio. (4,0 %)

Von den europäischen Weltsprachen hat sich allein das Russische auf dem Landweg ausgebreitet, und zwar seit dem 17. Jahrhundert über das Tiefland Südsibiriens bis an den Amur. Die anderen Exportsprachen sind auf dem Seeweg transferiert worden. Ursprünglich wurden sie mit ihren Sprechern exportiert, haben aber in Übersee eine Eigendynamik entfaltet, die sich konkret als Assimilationsdruck auf einheimische Sprachgemeinschaften manifestiert. Im Prinzip waren bei der Ausdehnung der Kolonialsprachen dieselben Faktoren wirksam, die für die Indoeuropäisierung in prähistorischer Zeit rekonstruiert werden können (s. Kap. 4): Prestigedruck und Siedlungsdruck.

Der letztere Faktor war entscheidend für die Ausbreitung des Englischen über Nordamerika, des Französischen in Kanada und des Spanischen in Mexiko. Die Rolle des Spanischen für den Akkulturations- und Assimilationsprozess indianischer Ethnien in der Andenregion gründet sich dagegen auf das autoritative Image lokaler spanischsprachiger Eliten. Ähnliches gilt für die

Verbreitung des Portugiesischen in Brasilien. Für die Geschichte der Weltsprachen in Amerika ist ein weiterer, langfristig wirksamer Faktor von entscheidender Bedeutung: die politische Autorität der kolonialen Staatsgewalt.

Die Kontakte zwischen indoeuropäischen und nicht-indoeuropäischen Sprachen haben sich weltweit intensiviert. Dabei haben sich für jedes Land und jeden Kontinent eigene Konstellationen von Sprachkontakten entwickelt. Sei es bei den Kontakten des Russischen und Tatarischen im europäischen Teil Russlands, des Französischen und Inuit in Kanada, des Spanischen und Quechua in Peru, des Englischen und Pitjantjatjara in Australien, des Portugiesischen und Makhuwa in Mosambik – fast immer dominiert eine indoeuropäische Sprache.

Literatur

Aikhenvald, A. Y./Dixon, R. M. W. (Hg.) (2001). Areal diffusion and genetic inheritance. Problems in comparative linguistics. Oxford/New York

Ammon, U./Haarmann, H. (Hg.)(2008). Wieser Enzyklopädie – Sprachen des europäischen Westens, 2 Bde. Klagenfurt

Anthony, D. W. (2007). The horse, the wheel and language. How Bronze-Age riders from the Eurasian steppes shaped the modern world. Princeton & Oxford

– (Hg.) (2009). The lost world of Old Europe – The Danube valley 5000–3500 BC. Princeton, New Jersey/Oxford

Baldi, P. (1987). Indo-European languages, in: Comrie 1987: 19–55

Ballantyne, T. (2002). Orientalism and race. Aryanism in the British Empire. New York

Bammesberger, A. (Hg.)(1988). Die Laryngaltheorie und die Rekonstruktion des indogermanischen Laut- und Formensystems. Heidelberg

Bammesberger, A./Vennemann, T. (Hrsg.) (2003). Languages in prehistoric Europe. Heidelberg (2. Aufl.)

Barber, E. W. (1991). Prehistoric textiles. The development of cloth in the Neolithic and Bronze Ages. Princeton, New Jersey

Barham, L./Mitchell, P. (2008). The first Africans. African archaeology from the earliest toolmakers to most recent foragers. Cambridge/New York

Beekes, R. S. P. (1995). Comparative Indo-European linguistics. An introduction. Amsterdam/Philadelphia

Bourdieu, P. (1991). Language and symbolic power, Cambridge, Massachusetts

Boyle, K./Renfrew, C./ Levine, M. (Hg.) (2002). Ancient interactions: East and west in Eurasia. Cambridge

Breyer, G. (1993). Etruskisches Sprachgut im Lateinischen unter Ausschluss des spezifisch onomastischen Bereiches. Leuven

Budja, M. (2005). The process of Neolithisation in South-eastern Europe: from ceramic female figurines and cereal grains to entoptics and human nuclear DNA polymorphic markers, in: Documenta Praehistorica XXXII (2005): 53–72

– (2007). The 8200 calBP ‹climate event› and the process of neolithisation in south-eastern Europe, in: Documenta Praehistorica XXXIV (2007): 191–201

Burroughs, W. J. (2005). Climate change in prehistory. The end of the reign of chaos. Cambridge/New York

Carpelan, Chr./Parpola, A. (2001). Emergence, contacts and dispersal of Proto-Indo-European, Proto-Uralic and Proto-Aryan in archaeological perspective, in: Carpelan et al. 2001: 55–150

Carpelan, Chr./Parpola, A./Koskikallio, P. (Hg.) (2001). Early contacts between Uralic and Indo-European: Linguistic and archaeological considerations. Helsinki

Carpooran, A. (2005). Diksioner morisien, Quatre Bornes, Mauritius

Cavalli-Sforza, L. (2000). Genes, peoples, and languages. New York

Comrie, B. (Hg.) (1987). The major languages of Eastern Europe. London

Curnow, T. J. (2001). What language features can be ‹borrowed›?, in: Aikhenvald/Dixon 2001: 412–436

Demakopoulou, K. (Hg.) (1988). The Mycenaean world: five centuries of early Greek culture 1600–1100 BC. Athen

Dergachev, V. A. (2002). Two studies in defence of the migration concept, in: Boyle et al. 2002: 93–112

– (2007). O skipetrakh, o loshadiakh, o vojne. Etiudy v zashchitu migratsionnoj kontseptsii M. Gimbutas. St. Petersburg

Elizarenkova, T. Y./Toporov, V. N. (1976). The Pali language. Moskau

Frédéric, L. (1987). Dictionnaire de la civilisation indienne. Paris

Gehler, M./Vietta, S. (Hg.) (2009). Europa – Europäisierung – Europäistik. Neue wissenschaftliche Ansätze, Methoden und Inhalte, Wien et al.

Gheorghiu, D./Skeates, R. (Hg.) (2008). Prehistoric stamps – Theory and experiments. Bukarest

Gimbutas, M. (1982). The goddesses and gods of Old Europe 7000 to 3500 B. C. Myths, legends and cult images. London (2. Aufl.)

– (1991). The Civilization of the Goddess. The World of Old Europe. San Francisco

Greenberg, J. H. (2000–02). Indo-European and its closest relatives: The Eurasiatic language family, 2 vols. (I: Grammar, II: Lexicon). Stanford

Gronenborn, D. (Hg.) (2005). Klimaveränderung und Kulturwandel in neolithischen Gesellschaften Mitteleuropas, 6700–2200 v. Chr. Mainz

Haarmann, H. (1979). Der lateinische Einfluss in den Interferenzzonen am Rande der Romania. Vergleichende Studien zur Sprachkontaktforschung. Hamburg

– (1995a). Early civilization and literacy in Europe. An inquiry into cultural continuity in the Mediterranean world, Berlin/New York

– (1995b). Europeanness, European identity and the role of language. Giving profile to an anthropological infrastructure, in: Sociolinguistica 9 (1995): 1–55

– (1996a). Die Madonna und ihre griechischen Töchter. Rekonstruktion einer kulturhistorischen Genealogie. Hildesheim

– (1996b). Aspects of early Indo-European contacts with neighboring cultures, in: Indogermanische Forschungen 101 (1996): 1–14

– (1999). Eurolinguistik, europäische Kulturwissenschaft und Europaforschung, in: Reiter 1999: 11–39

– (2003a). Geschichte der Sintflut. Auf den Spuren der frühen Zivilisationen. München (2. Aufl. 2005)
– (2003b). Language, economy and prestige in the context of Baltic-Fennic contacts, in: Studia Indogermanica Lodziensia 5 (2003): 87–102
– (2006). Weltgeschichte der Sprachen. Von der Frühzeit des Menschen bis zur Gegenwart, München
– (2007a). Foundations of culture. Knowledge-construction, belief systems and worldview in their dynamic interplay, Frankfurt/ Berlin/ Brüssel/New York
– (2007b). Indo-Europeanization – The seven dimensions in the study of a never-ending process. Documenta Praehistorica XXXIV (2007): 155–175
– (2008a). Weltgeschichte der Zahlen. München
– (2008b). The Danube script and its legacy: Literacy as a cultural identifier in the Balkanic-Aegean convergence zone, in: Marler 2008: 61–76.
– (2009a). Interacting with figurines – Seven dimensions in the study of imagery. West Hartford, Vermont
– (2009b). Alteuropa – Eine interdisziplinäre Expedition zu den Ursprüngen der sprachlichen und kulturellen Vielfalt Europas, in: Gehler/Vietta 2009: 39–74
– (2012). Indo-Europeanization – day one: Elite recruitment and the beginnings of language politics. Wiesbaden
Haarmann, H./Marler, J. (2008). Introducing the Mythological Crescent. Ancient beliefs and imagery connecting Eurasia with Anatolia. Wiesbaden
Hajdú, P./Domokos, P. (1987). Die uralischen Sprachen und Literaturen. Hamburg
Harding, E.U. (1993). Kali – The black goddess of Dakshineswar. York Beach, Maine
Harris, D.R. (Hg.) (1996). The origins and spread of agriculture and pastoralism in Eurasia. London
Herrmann, J. (Hg.) (1986). Welt der Slawen. Geschichte, Gesellschaft, Kultur. München
Hinrichs, U. (Hg.) (1999). Handbuch der Südosteuropa-Linguistik, Wiesbaden
– (Hg.) (2004). Die europäischen Sprachen auf dem Wege zum analytischen Sprachtyp. Wiesbaden
Hock, W. (2009). Das Urslavische, in: Rehder 2009: 17–34
Holm, H.J. (2009). Albanische Basiswortlisten und die Stellung des Albanischen in den indogermanischen Sprachen, in: Zeitschrift für Balkanologie 45 (2009): 171–205
Huld, M.E. (2000). Reinventing the wheel: The technology of transport and Indo-European expansions, in: Jones-Bley et al. 2000: 95–114
Ilieva, A./Shturbanova, A. (1997). Zoomorphic images in Bulgarian women's ritual dances in the context of Old European symbolism, in: Marler 1997: 309–321

Jones-Bley, K./Huld, M. E./Volpe, A. della/Dexter, M. R. (Hg.)(2000). Proceedings of the 11th annual UCLA Indo-European conference, Los Angeles, June 4–5, 1995. Washington, D. C.

– (2008). Proceedings of the 19th annual UCLA Indo-European conference, Los Angeles, November 2–3, 2007, Washington, D. C.

Kachru, B. B. (2006). The handbook of world Englishes. Oxford

Keay, J. (2000). India: A history. London

Kolga, M./Tõnurist, I./Vaba, L./Viikberg, J. (2001). The red book of the peoples of the Russian empire. Tallinn

Kristiansen, K. (1998). Europe before history, Cambridge/New York

Kruta, V. (1993). Die Anfänge Europas 6000–500 v. Chr. München

Kuhrt, A. (1995). The ancient Near East c. 3000–330 BC, 2 Bde. London/New York

Kuzmina, E. E. (2008). The prehistory of the Silk Road. Philadelphia

Ladefoged, P./Maddieson, I. (1996). The sounds of the world's languages. Oxford/Malden, Massachusetts

Lehtinen, T. (2007). Kielen vuosituhannet. Suomen kielen kehitys kantauralista varhaissuomeen. Helsinki

Lutzhöft, H.-J. (1971). Der Nordische Gedanke in Deutschland 1920–1940. Stuttgart

Mallory, J. P. (1989). In search of the Indo-Europeans. Language, archaeology and myth. London

Mallory, J. P./Adams, D. Q. (Hg.) (1997). Encyclopedia of Indo-European culture. London/Chicago

– (2006) The Oxford introduction to Proto-Indo-European and the Proto-Indo-European world, Oxford/New York

Mallory, J. P./Mair, V. H. (2000). The Tarim mummies. Ancient China and the mystery of the earliest peoples from the west. London

Marazov, I. (2005). Art in ancient Thrace, in: Marazov et al. 2005: 7–21

Marazov, I./Kabakchieva, G./Lazov, G./Shalganova, T. (2005) Vassil Bojkov collection, Sofia

Marchand, S. L. (2009). German Orientalism in the age of Empire. Religion, race, and scholarship. Cambridge

Marchesini, S. (2009). Le lingue frammentarie dell' Italia antica. Mailand

Marler, J. (Hg.) (1997). From the realm of the ancestors. An anthology in honor of Marija Gimbutas. Manchester, Connecticut

– (Hg.) (2008). The Danube script. Neo-Eneolithic writing in southeastern Europe (exhibition catalogue), Sebastopol, California

Marler, J./Haarmann, H. (Hg.) (2006). The Black Sea Flood: An interdisciplinary investigation. The Journal of Archaeomythology 2 (special issue)

Müller, F. u. a. (2009). Kunst der Kelten 700 v. Chr. – 700 n. Chr. Stuttgart

Nikolov, V. (Hg.) (2008). Provadia-Solnitsata. Prehistoric salt-producing center. Sofia

Okuka, M. (Hg.) (2002). Wieser Enzyklopädie – Sprachen des europäischen Ostens. Klagenfurt

Ostler, N. (2007). Ad infinitum – A biography of Latin. New York
Parpola, A. (1994). Deciphering the Indus script. Cambridge/New York
– (2008). Proto-Indo-European speakers of the late Tripolye culture as the inventors of wheeled vehicles: Linguistic and archaeological considerations of the PIE homeland problem, in: Jones-Bley et al. 2008: 1–59
Poliakov, L. (1993). Der arische Mythos. Zu den Quellen von Rassismus und Nationalismus. Hamburg
Poruciuc, A. (1995). Archaeolinguistica – Trei studii interdisciplinare. Bukarest
– (2010). Prehistoric roots of Romanian and Southeast European traditions. Sebastopol, California
Rehder, P. (Hg.) (2009). Einführung in die slavischen Sprachen. Darmstadt (6. Aufl.)
Reiter, N. (Hg.) (1999). Eurolinguistik – Ein Schritt in die Zukunft. Wiesbaden
Renfrew, C. (1987). Archaeology & language. The puzzle of Indo-European origins. London
Renfrew, C./Boyle, K. (Hg.) (2000). Archaeogenetics: DNA and the population prehistory of Europe. Cambridge
Ruhlen, M. (1987). A guide to the world's languages, vol 1: classification. Stanford
Scarre, Chr. (2005a). Holocene Europe, in: Scarre 2005b: 392–431
– (Hg.) (2005b). The human past. World prehistory & the development of human societies. London
Schiltz, V. (1994). Die Skythen und andere Steppenvölker. 8. Jahrhundert v. Chr. bis 1. Jahrhundert n. Chr. München
Schmidt, W. (Hg.) (1970). Geschichte der deutschen Sprache. Berlin
Sefériadès, M. (2007). Complexity of the processes of Neolithization: Tradition and modernity of the Aegean world at the dawn of the Holocene period (11–9 kyr), in: Quaternary International 167 (2007): 177–185
– (2009). Spondylus and long-distance trade in prehistoric Europe, in: Anthony 2009: 178–190
Semino, O. et al. (2000). The genetic legacy of Paleolithic Homo sapiens sapiens in extant Europeans: A Y chromosome perspective, in: Science 290: 1155–1159
Seuren, P. A. M. (1998). Western linguistics. An historical introduction. Oxford/Malden, Massachusetts
Stolz, T. (1991). Sprachbund im Baltikum? Estnisch und Lettisch im Zentrum einer sprachlichen Konvergenzlandschaft. Bochum
Strunk, K. (2003). Vorgriechisch/‹Pelasgisch›: Neue Erwägungen zu einer älteren Substrathypothese, in: Bammesberger/Vennemann 2003: 85–98
Thieme, H. (Hg.) (2007). Die Schöninger Speere. Mensch und Jagd vor 400 000 Jahren. Stuttgart
Videjko, M. (2008). Ukraina: ot Tripol'ja do Antov. Kiew

Vonderach, A. (2008). Anthropologie Europas. Völker, Typen und Gene vom Neandertaler bis zur Gegenwart. Graz
Watkins, C. (2001). An Indo-European linguistic area and its characteristics: Ancient Anatolia. Areal diffusion as a challenge to the comparative method?, in: Aikhenvald/Dixon 2001: 44–63
Whittle, A. (1996). Europe in the Neolithic. The creation of new worlds. Cambridge/New York
Wilkes, J. (1992). The Illyrians. Oxford/Cambridge, Massachusetts
Zvelebil, M. (1996). The agricultural frontier and the transition to farming in the circum-Baltic region, in: Harris 1996: 323–345

Register der Völker und Sprachen

Das Register enthält Völker, Sprachen und Kulturen.